XIN SHIQI GAOXIAO "SANQUANYUREN" GAIGE
—NANFANG YIKE DAXUE DE SHIJIAN TANSUO

# 新时期高校“三全育人”改革
## ——南方医科大学的实践探索

陈敏生　主编

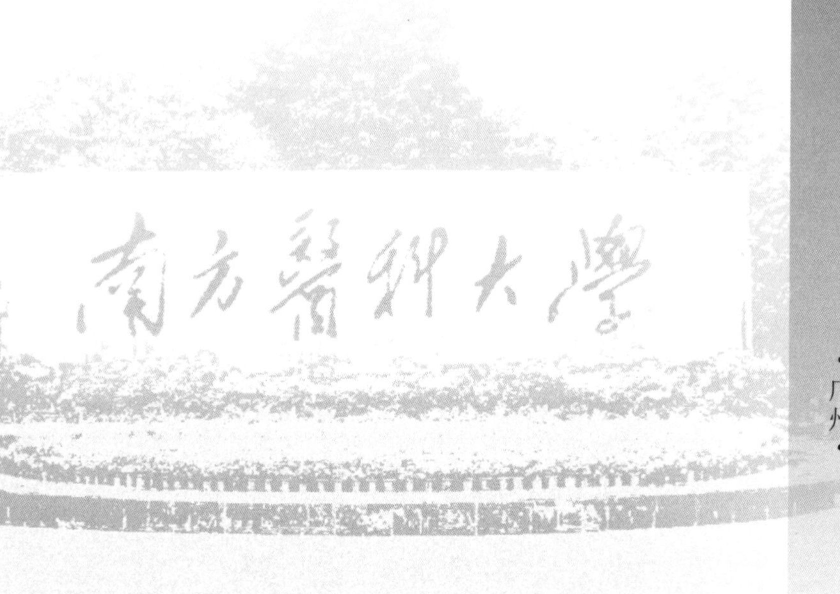

中山大學出版社
SUN YAT-SEN UNIVERSITY PRESS
·广州·

图书在版编目（CIP）数据

新时期高校“三全育人”改革：南方医科大学的实践探索/陈敏生主编. —广州：中山大学出版社，2021.12
ISBN 978-7-306-07344-0

Ⅰ.①新… Ⅱ.①陈… Ⅲ.①高等学校—思想政治教育—研究—中国 Ⅳ.①G641

中国版本图书馆 CIP 数据核字（2021）第 249390 号

出 版 人：王天琪
策划编辑：金继伟 王 璞
责任编辑：王 璞
封面设计：曾 斌
责任校对：李昭莹
责任技编：靳晓虹
出版发行：中山大学出版社
电 话：编辑部 020-84110283，84113349，84111997，84110779，84110776
发行部 020-84111998，84111981，84111160
地 址：广州市新港西路 135 号
邮 编：510275 传 真：020-84036565
网 址：http://www.zsup.com.cn E-mail：zdcbs@mail.sysu.edu.cn
印 刷 者：广州市友盛彩印有限公司
规 格：787mm×1092mm 1/16 10.75 印张 185 千字
版次印次：2021 年 12 月第 1 版 2021 年 12 月第 1 次印刷
定 价：68.00 元

# 本书编委会

# 前　言

习近平总书记在全国教育大会上强调："要努力建构德智体美劳全面培养的教育体系，形成更高水平的人才培养体系。""要把立德树人作为根本任务，融入思想道德教育、文化知识教育、社会实践教育各环节。"高校要努力把思想政治工作贯穿于教育教学全过程和各环节，形成教书育人、科研育人、实践育人、管理育人、服务育人、文化育人、组织育人长效机制。

近年来，南方医科大学持续推进"三全育人"综合改革，紧扣立德树人根本任务，坚持不懈用习近平新时代中国特色社会主义思想铸魂育人，先后开展了以"筑梦引航"工程为统揽、以书院制教育管理模式为平台、以"三全育人"改革试点为突破等一系列改革实践，引导学生在学思践悟中坚定理想信念，在奋发有为中践行初心使命，努力为实现"两个一百年"奋斗目标、实现中华民族伟大复兴的中国梦贡献智慧和力量。学校坚持育人导向，突出思想引领，实施了"筑梦引航"工程。把坚定正确政治方向、坚定理想信念放在首位。坚持问题导向、注重精准施策，着力破解制约学校"三全育人"的重点难点问题和短板弱项，开展了"三全育人"综合改革试点学院建设，不断提高思想政治工作的针对性、亲和力和实效性。坚持遵循规律、勇于改革创新，遵循思想政治工作规律、教书育人规律和学生成长规律，探索了书院制教育模式改革，不断优化教育内容供给、创新工作载体。坚持协同联动、强化责任落实，建立党委统一领导、部门分工负责、全员协同参与的工作体系，制定了"三全育人"改革实施方案，明确部门和学院"三全育人"工作台账、任务清单，加强考核评价，推动责任落实。坚持示范引领、谋求重点突破，开展了"筑梦引航"工程示范项目和"三全育人"精品项目建设，形成了一批具有示范性、推广性、可操作性的育人成果。经过不断的改革实践，学校在思想工作体系建设、育人模式创新、改革试点推广等方面取得了良好的成效，推动了各领域、各环节、各方面的育人资源协同、贯通与融合。书院制教育模式改革获得第九届广东省教育教学成果奖一等奖，“筑梦引航”工程获得第八届广东省教育教学成果奖二等奖。学校成为广东省高校“三全育人”体制机制建设试点单位。

新时代有新的课题，面临新的机遇和挑战。当今世界正经历百年未有之大变局，我国正处于实现中华民族伟大复兴的关键时期。高校思想政治教育要抓住机遇、应对挑战，做到因事而化、因时而进、因势而新，为培养社会主义的合格建设者和可靠接班人而不懈奋斗！

# 目　录

# 第一章　现代大学书院制教育模式探索

2020 年 4 月，教育部等八部门颁布《关于加快构建高校思想政治工作体系的意见》（以下简称《意见》）。《意见》指出，要“依托书院、宿舍等学生生活园区，探索学生组织形式、管理模式、服务机制改革，推进党团组织、管理部门、服务单位等进驻园区开展工作，把校院领导力量、管理力量、服务力量、思政力量压到教育管理服务学生一线，将园区打造成为集学生思想教育、师生交流、文化活动、生活服务于一体的教育生活园地”[①]。书院在我国起源于唐代末期，形成于五代，兴盛于宋元时期，清末戊戌变法之后被更名为学堂。古代书院集藏书、教学活动与学术研究为一体，既是教育和教学组织，又是学术研究机构。21 世纪初，以复旦大学、西安交通大学为代表的国内高校纷纷探索现代大学书院制人才培养模式的改革。各高校“针对当前高等教育在人才培养中存在的问题，立足本土文化，借鉴英美模式，实现传统书院教育与现代大学教育的有机结合，以求弥补大学教育的不足，这正是建立书院的初衷”[②]。

现代大学书院制继承了我国古代书院“德业并举”的教育目标、“启发式”的教学方式、“教学相长”的新型师生关系及优美和谐的教育环境等优秀传统，近采了西方住宿学院制通识教育、学科交叉培养、生活学习社区构建等育人模式，在人才培养模式改革方面开拓出了一条新的路径。自 21 世纪初以来，全国共建设了上百所书院，并成立了全国高校书院发展联盟，书院建设在我国高校中呈现出百花齐放的姿态。

南方医科大学为解决高等医学院校多校区办学带来的优质教育资源分配不平衡、师生关系疏离以及对学生人文素质教育不足、创新能力培养不够等问题，从而实现“思想道德好、专业水平高、人文基础宽、创新能力强”的高素质医学人才培养目标，结合“博学笃行，尚德济世”的校训，

---

① 《关于加快构建高校思想政治工作体系的意见》，网址：http://www.gov.cn/zhengce/zhengceku/2020-05/15/content_5511831.htm。

② 宫辉：《高校书院发展报告（2017）》，西安交通大学出版社 2017 年版，第 7 页。

建成了博雅书院、知行书院、尚进书院、德风书院四个书院。书院将低年级学生按照医文、医理、医工、医管法结合的原则分别纳入培养，构建了跨学科、跨专业、跨文化的师生学习与生活共同体，为加强学生思想政治教育、培养学生人文精神、提升学生人文素养、促进学生全面发展提供了新的实践方略，为学生打造了一个全方位、全时段的成长环境。

# 第一节　南方医科大学书院建设方案

## 一、总体思路

### （一）建设目的

通过书院制教育模式改革，努力解决学生人文素质教育形式单一、顺德校区师生关系疏离、朋辈教育不足等问题，为学生构建一个全方位、全时段的成长环境，使书院成为学校全员育人、全程育人的重要载体。

### （二）书院定位

书院是学校文化育人的社区，在潜移默化中加强学生个人修养和自我完善；书院是学校师生互动的空间，在对话交流中实现言传身教；书院是学生锻炼提升的平台，在自主学习、自我管理中实现成长成才。

### （三）人才培养目标

在“诚信务实、自强不息、敢为人先、追求卓越”的大学精神指引下，书院致力于培养思想道德好、专业水平高、人文基础宽、创新能力强的高素质复合型人才。

### （四）书院设置

在顺德校区四大宿舍园区基础上，打造 4 个风格不同的书院，4 个书院命名如下：博雅书院、知行书院、尚进书院、德风书院。书院学生分配结合顺德校区 4 个宿舍园区的布局和容量，根据学科相对集中、大类专业交叉的原则进行。

## 二、具体内容

### （一）书院运行架构

**1. 书院院长**

书院院长由热爱学生工作、具有一定学术影响力的教师或机关领导担任。根据工作需要，书院可设 1 名执行院长，由具有学生管理工作经历、行政协调能力强的行政人员担任；执行院长工作职责为落实书院教育理念，协助院长主持书院学生培养、内外日常行政事务工作等。书院院长、执行院长由学校统一聘任，任期 4 年。

**2. 院务委员会**

院务委员会由书院院长、执行院长、专业学院领导、导师代表、学生代表组成；委员会定期召开会议，商讨决定书院建设、人才培养、学生管理等工作中的重要事项。

**3. 书院办公室**

书院办公室主要职责为完成书院各项行政事务，协调处理有关学生教育、管理、服务等工作事宜。办公室设主任 1 名，工作人员 2 名。

**4. 团学组织**

书院设立团工委，负责领导书院内各个团支部、团总支建设，指导书院学生联合会工作。

学生组织设置：在书院中设立学生联合会，各书院根据实际情况在学生联合会框架内设立职能型学生组织，接受书院团工委与校学生会的指导和管理。

基层团组织设置：以班级为单位设立团支部，以年级为单位设立团总支，由书院团工委进行领导与管理。

### （二）导师制

书院实行全员导师制，充分发挥导师导学的作用。导师分为特聘导师、学业导师、专职导师三类。导师人员组成、工作职责如下。

特聘导师由学校聘请著名教授、学者担任。主要负责开设书院讲座、举办学术沙龙等。

学业导师为学校在职或退休教师，具有丰富的本科教学经验和较强的学术指导能力，热爱学生；由书院各专业学院聘任并颁发聘书，聘期2年。指导学生开展研究性学习，帮助学生树立正确的专业思想；组织和指导学生开展学术活动和社会实践；定期与专职导师交流学生信息。按照师生1∶50的比例配置；每月至少与学生进行2次交流；专业学院分管教学工作的副院长应作为学业导师。

专职导师主要由专职辅导员、就业导师、心理咨询师等组成，原则上以该书院所含学生学院专职辅导员为主，学校管理岗位青年干部及专业技术人员兼职辅导员可作为有益补充。专职导师任期为2年，常驻书院，负责书院学生工作事务，指导学生第二课堂活动开展等。

### （三）教育体系

#### 1. 专业教育

专业教育按照现行教学管理运行机制，由教务处协同各学院及其他教学单位完成。

#### 2. 通识教育

（1）通识教育课程体系构建。通识教育课程体系分为校级平台课程、书院特色课程两大类。

校级平台课程：依托学校公共选修课体系进行建设，加快完善文化经典与传承、推理思辨与判断、多元文化与全球化、社会经济与政治、科技创新与探索、生命态度与环境、艺术创作与审美等板块课程，培养学生的健全人格和公民意识，以及批判性思维、创新精神、领导力、全球视野等核心能力。

书院特色课程：鼓励书院围绕人才培养目标，开设富有书院特色的通识教育课程，经专家评审合格后纳入学校通识课程体系，课程优先向本书院学生开放。鼓励课程实施小班教学，组织形式灵活多样，注重实践和体验式教学。

（2）第二课堂教育体系设计。第二课堂教育体系紧密围绕书院人才培养理念和文化内涵来设计，综合采用学术讲座、读书沙龙、主题论坛、社团活动、导师指导等非课程形式开展。

博雅计划：紧密围绕书院教育理念，以德为先，充分融汇科技人文知识，开展书院讲坛、学术讲座、读书沙龙、主题论坛、社团活动、导师指导、特色文化节等非课程形式的通识教育；健全网络社区，建立书院思想政治教育网站、QQ群、微博、微信公众平台等，全方位落实书院德育

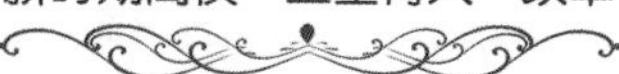

工作。

笃行计划：以学生成长需求为导向，围绕书院理念特色组建学生社团，加强学生“三自”建设，让社团成为书院文化的辐射器和育人的主要阵地；根据“筑梦引航”工程，设计、实施适合书院学生特点和相关学院传统的、涉及面广的学生工作特色品牌活动，促进学生个性成长与多元发展。

育贤计划：创新人才培养模式，开设包括团队、领导力、心理和职业生涯等拓展项目，以培养书院学生的社会责任感、沟通能力、团队合作能力和领导力，提升学生的心理品质、挫折抵抗能力和社会适应能力，在尊重个性培养的同时，充分促进学生全面发展。

强体计划：继承发扬我校的优良传统，根据学生自身特点采取分类教学、个别辅导的锻炼计划，指导学生有针对性地进行体育锻炼，开展丰富多样的体育活动，提高书院学生的体能素质和运动热情。

### （四）书院社区建设

基于人居环境的创设，通过温馨社区环境的设计和建设，打造独具特色的书院硬环境和软环境，发挥优美环境对学生的陶冶功能。

**1. 社区设置**

书院以学生生活社区为物理空间，承担打造社区文化环境、提供学生个性发展平台的教育任务。书院结合自身情况在社区内设楼委会，负责社区的管理与服务工作，并制定社区管理条例、学生行为规范等制度。

**2. 社区功能**

通过对社区的文化建设与管理，对学生实施思想品德教育、行为养成教育、学习支持与发展教育等活动，使社区成为师生思维碰撞的平台、文化滋养的空间、智慧集成的场所。

**3. 社区设施**

书院社区有书院行政办公室、党团活动室、社团活动室、健身艺术室、生活教育体验室、心理咨询室、职业生涯规划室、学业导师工作室等设施。

### （五）书院文化建设

（1）各书院在学校共同的办学理念、共同的校园文化引领下，结合自身的学科特性，明确办学理念和建设目标，建立书院特色文化，体现差异化、个性化发展。

（2）书院确立书院章程、书院精神、院训、院旗、院徽等能传达书院教育理念的精神内核，并通过发展、积淀，逐渐形成书院的传统和特色。

（3）书院建设展示教育理念、文化建设成果、优秀科技作品、优秀学生典型、校园焦点关注、奖惩公示等的文化宣传“长廊”。

（4）将书院文化与军校优秀传统文化有机融合，在制度文化方面将军校的教育制度移植到书院学生教育管理中，在精神文化方面将军校红色文化融入学生思想教育中，努力培养学生的优良品格。

（5）引导学生积极参与书院文化建设，提高学生对书院精神和文化的认同度，增强学生的归属感、自豪感和凝聚力。

### （六）书院与专业学院的关系

（1）学院、书院承担不同角色：学院以学科专业教学为主，注重学生专业技能培养；书院以学生日常教育管理为主，注重学生个人发展和自我完善。学生兼具书院和学院的双重身份归属。

（2）专业学院除负责学生的专业教育外，还应参与书院建设、学生工作、学业导师派驻、第二课堂活动开展等工作。书院成立后，以工作清单的形式明确与学院的工作职责和分工。

（3）书院建立学生班级，其设置架构与原有学院保持一致。

## 三、保障条件

为确保书院的正常运作，学校提供了一定的经费保障，主要用于书院日常运转、学生活动开展等。书院院长、执行院长授予校级荣誉，并由学校给予一定的岗位酬金。书院给予学业导师以基本的工作量核定或者基本的岗位酬金保障。书院专职导师由书院和学生处在专业化发展、国内培训和海外研修方面给予激励和保障。

# 第二节　南方医科大学书院制教育模式分析

南方医科大学书院制教育实行“学院”与“书院”并轨发展的模式。学院以学科教育为主，注重学生的专业知识学习；书院贯彻“全员”“全方位”“全过程”的育人理念，注重学生德、智、体、美、劳全面发展，致力于培养思想道德好、专业水平高、人文基础宽、创新能力强的高素质复合型人才。书院设立院务委员会，负责书院建设与发展、人才培养计划制订与实施、学生教育与服务等工作的商讨、决策；委员会由书院执行院长、专业学院领导、导师代表、学生代表等组成；执行院长具体主持和负责书院各项发展事务。设置书院办公室，具体落实第二课堂教育开展、导师活动组织、社区建设及书院各项行政事务。成立团学联合会、学生宿舍生活委员会、社区委员会等学生组织，履行自我教育、自我管理、自我服务的职能，职责包括参与书院和社区建设，设计开展学习、生活、文化类活动，管理书院功能室等。

## 一、书院教育主要内容

### （一）基于第二课堂的人文素质教育

《大学》有言“大学之道，在明明德，在亲民，在止于至善”，这深刻地反映了为教、为学、为人的“大学理念”，体现了一种强烈的人文意识和人文精神。而现代大学的发展，在功能不断扩展的同时，其工具性、实用性、专业性的特点也不断凸显。南方医科大学是以医学为主的多科性大学，学校以医学为优势和特色的专业化教育取得了优异的成绩，得到了社会的广泛认可。但过于专业化的培养目标和教育模式难以满足现代社会对全面型人才的要求，“过窄”的专业教育，严重限制了学生学科视野的拓展及学科间知识的渗透与交流。书院制教育为此提供了很好的解决路径。学校制定了书院第二课堂教育实施方案，全面规划、系统设计了书院第二课堂教育课程的模块内容与实施路径，也为下一步在全校推广开展第二课堂教育进行了有益探索。书院第二课堂教育坚持育人为本、德育为先、全面发展的理念，配合第一课堂教学开展学术、文化、科技、实践等活动，注重对学生的思想引领、行为养成、人格塑造和实践锻炼。

一是建立了以人文知识为主体的讲座体系。围绕人才培养目标，书院开设了学术讲座、读书沙龙、主题论坛等第二课堂教育课程，形成了品牌性的博雅讲堂、知行讲坛、尚进讲堂、德风讲坛等讲座系列，内容涵盖了哲学、文学、历史、军事、科技等，有效地拓展了学生人文、艺术、科技、创新思维等知识面，丰富了学生的人文知识，提升了学生的人文内涵。

二是打造了具有书院特色的人文素质教育实践项目。围绕中国传统优秀文化、民族精神和时代精神、社会正能量热点等主题，书院建设了以茶文化为特色的品茗轩、以舞龙舞狮文化为特色的麟云社、以中药文化（医览芳华）及中医针灸推拿（中医药文化社团）等富有国学特色的学生社团，开展了文化大观园、中国传统文化月“赏、品、行”系列活动、人文通识知识竞赛、A&I（学术 & 实践）计划等实践教育，有力地促进了书院学生文化内涵的提升、视野的拓展和能力的提高。

三是建立书院人文教育研究“机构”。书院不拘泥于对现有教育内容的重复利用，而是通过建设研究机构，自主开发与设计第二课堂的人文教育课程与项目。书院建立了叙事与人文工作室、育仁工作室、环心工作室、虫虫工作室、创客工坊、道德与法治工作室、哲学与批判工作室、艺术与审美工作室、自然与生命工作室、社会科学与当代中国工作室等理论研究与实践基地。工作室不断建立和完善书院人文教育课程体系，编辑出版了《人文与叙事——文学中的医学》《创客 0－1——医科院校创新教育实践与探索》等相关课程教材。

### （二）充分发挥书院导师智育与德育的双项功能

书院实行全员导师制，导师分为特聘导师、学业导师、专职导师三类。学业导师按照师生比不低于 1∶50 的比例配备，采用教师自荐、学生推荐、书院或学院推荐的方式选聘；担任学业导师的教师一般要有中级以上职称，且学院分管教学的副院长、各专业负责人必须担任学业导师。书院制定了完善的配套激励政策，学校为积极参与导师工作、年度考核合格的导师，按照每学期 20 个标准学时发放绩效奖励津贴，且其导师工作经历可以用于职称职务评审中要求的“学生工作经历”，每学年评选一次“优秀书院学业导师奖”，并给予一定的奖励。学业导师在聘期内，每学期

去书院开展非正式教育不少于4次，很好地保证了学生能定期与导师开展面对面交流。专职导师按照不低于1：150的比例配备，主要包括专职辅导员、心理咨询师等。

书院学业导师的设置充分发挥了专业教师教书以外的育人功能，统筹起专业教师智育与德育的双项功能，促使专业教师的第一课堂教学向第二课堂教育延伸，将显性教育与隐形教育有机结合，专业教育同学生综合素质提升同步进行。

一是建设了学业导师起居室，实现导师与学生共同学习生活。师生共同生活在书院内，为学生提供了与专业教师面对面直接交流与学习的机会，逐步形成了书院内的生活、学习共同体。

二是有效扩展了专业教师第一课堂外的教育功能。南方医科大学有广州和顺德两个校区，不可避免地出现了专业课老师上完课后就离开顺德校区的问题，这在很大程度上影响了老师对学生的深度辅导。书院导师制将专业教师融进书院，增加了教师与学生的学习交流机会。在工作职责上，学业导师要开展非正式的教育，对学生进行专业辅导和学业规划指导，指导学生开展研究性学习，帮助学生树立正确的专业思想；组织和指导学生开展学术活动和社会实践，发掘和培养学生的创新意识和实践能力，培养学生的科学精神和人文素质，提升学生的科研兴趣、科研能力、创新能力和社会实践能力，营造书院浓厚的学术氛围和文化特色。

三是加强了学业导师对学生的思想引领。书院学业导师在专业知识教育之外，还要求利用师生午餐会、“书院日”、“一师一席谈”等活动，与学生分享人生阅历，在日常接触中对学生进行言传身教，引导学生树立正确的世界观、人生观和价值观。

四是促进专职导师专业化发展。书院内专职导师主要由辅导员担任，职责上更加地突出了辅导员的教育功能。书院专职导师要结合自身专业优势为学生开设相应的第二课堂教育课程，在思想政治工作、学生党建、心理健康咨询、职业生涯规划、综合素质拓展等方面对学生进行深度辅导。

### （三）加强书院社区建设

书院基于人居环境的创设，通过温馨社区环境的设计和建设，打造了独具特色的书院硬环境和软环境，充分发挥环境育人的作用。

一是加大书院教育功能室基础设施建设。为更好地推进书院教育的实施，学校加大人力、物力、资金投入，对原有学生宿舍进行改造建设，建成了书院办公室、专职导师办公室、学业导师起居室及工作室、学习小组教育研讨室、阅览室、党团活动室、师生交流室、学生社团活动室、健身房、心理咨询室、形体室、生活体验室等100多个教育功能室，优化了师生交流、课后辅导，以及学生开展阅读、研讨、咨询、社团活动、生活体验、健身等的共享空间和物质条件，为书院制教育模式的顺利推行提供强大的基础设施保障。

二是强化社区思政教育功能。书院采用“以书院生活为平台，以日常管理为纽带，以思想政治工作为抓手”的模式，有效拓展了大学生思想政治教育工作的思路。书院在以“学院—年级—班级”纵向管理为主导的基础上，以“书院—楼层—寝室”横向服务为补充，形成相互作用的网状学生思想教育和管理工作机制，打破了常规班级、年级和专业的界线，拓展了学生思想政治工作的覆盖面。书院不断推进习近平新时代中国特色社会主义思想进社区，通过设置“党员服务站”“党员宿舍”“社区小黑板”“社区思政园地”等，创新书院社区思想政治教育形式和内容，全面推进思政工作入脑、入心、入社区。

三是充分发挥社区的文化育人功能。书院重视将学生宿舍的居住空间打造成文化育人社区，让书院成为既是学生的生活空间，又是师生交流、生生交往、社团联动、思想交流的教育空间。书院依托思想教育、行为养成、学风建设、职业规划、心理辅导等社区常规化活动，为学生发展提供了更加丰富和完善的文化育人平台，让学生在文化熏陶和潜移默化中加强个人修养和自我完善。

### （四）充分发挥学生的主体作用

充分发挥学生在书院建设中自我管理、自我服务、自我教育、自我监督的作用。

一是设立“书院团学组织”。书院团学组织共设办公室、宣传部、学习部、素质拓展部、自律与权益维护部、社区生活部、文体部7个部门，主要负责社区文化建设、文明社区建设、书院功能房管理、社团活动开展、社区环境监督和管理等。书院学生组织不仅发挥了在社区和楼栋公共事务管理中的沟通、组织、协调和保障作用，也成为书院学生提高社会意识、锻炼实践能力、增进相互了解的重要机构。

二是设立书院导生制。导生主要从高年级优秀学生党员、学生骨干中选拔，承担协助学业导师和专职导师管理社区、促进社区成员交流、加强

朋辈教育的职能，不断引导学生增强对书院的认同感、归属感和凝聚力。同时，导生代表还能参与书院院务委员会工作，对书院的建设和发展建言献策。

三是设立书院教学小课堂。为丰富学生课余生活和书院的文化氛围，锻炼和培养学生的展示能力和表达能力，更好地发挥学生的主体作用，书院组织有特殊才艺或技能的学生自主备课，把自己的才艺技能以课堂授课的形式教授给其他同学，教学内容囊括韩语、舞蹈、声乐、器乐、钢琴、Bbox、化妆等。

四是加强书院骨干培训。书院通过“学生骨干训练营”，从能力、意识和实务等层面组织了多种形式的素质拓展和培训沙龙活动，提升学生骨干团队协作能力和综合素质。

### （五）凝练书院文化内涵

书院标识是建设书院文化、发扬书院精神的重要载体。经过多年的发展，书院已开发了如书院徽章、书院色、书院服、牌匾、明信片、书签等具有一定文化理念、共同文化精神的文化标识产品。配合书院吉祥物设计、书院院服设计大赛等活动的开展，书院的文化标识系统深入每一位书院人的心中，大大地提升了学生对书院的文化归属感和荣誉感。

## 二、取得的主要成效

书院教育建设历史尚短，特色内涵还有待进一步挖掘，书院培养目标、第二课堂教育课程设计、教育效果评价等方面还缺乏一定的系统性，这也是未来书院发展的方向。尽管尚处“新生”的书院存在种种难以规避的问题，但书院教育立足学校实际、不断改革创新，为学校人才培养和高水平大学的建设做出了积极的贡献，取得了一定的成效。书院教育的探索实践得到了《羊城晚报》《广东科技报》《信息时报》《新快报》和“中国教育在线”“金羊网”等媒体的报道，几所省内外高校来校调研书院建设工作。书院制教育模式改革获得第九届广东省教育教学成果奖一等奖。

### （一）为“三全育人”提供新的抓手

“三全育人”是落实立德树人根本任务的实践路径，是学校育人工作和人才培养的重点内容。书院教育的顺利推进，为学校“三全育人”工作提供了新的抓手。书院组建了以学院、科室领导，专家教授、辅导员、心理咨询师为主体的全员教育师资队伍；书院创新助力学生发展的教育理念和管理制度，促使素质教育、学业指导、生涯指导、心理咨询等渗透到学生成长成才的全过程；书院开辟了第一课堂教学之外的第二条道路，将教育工作融入学生思想道德教育、文化知识教育、社会实践教育的各环节和生活学习的各个方面。

### （二）为促进“全面人才”培养打造新的载体

书院教育打破传统课内、课外二元格局，将学校第一课堂教学延伸到第二课堂，拓展到学生的生活之中，通过思想政治教育、人文素质讲座、人文教育实践项目、科技开发、思维训练、朋辈教育等非正式教育形式，逐步形成了相对完整的以综合素质提升为目标的教育体系，提供了提升学生人文素养、思维逻辑、创新意识、适应能力、公民素养等全方位发展的教育载体。

### （三）为校园文化建设注入新的活力

书院建设在学校校训和大学精神的引领下，既立足于学校本土文化，又不断地传承和发扬中国传统文化，努力使每一个书院都能拥有和体现一种属于自身特质的文化元素和精神价值。充满育人功能的书院社区建设，以传统文化为主体的讲座、实践项目，以群体形式出现的茶艺社、舞狮社、文学社等文化活动，无不凸显着书院学生的文化自信、文化内涵和行为规范，并逐步与校园风气、校园精神融为一体，不断影响着校园物质文化、精神文化和制度文化的建设，为整个校园文化建设注入新的血液和活力。

### （四）为学院与书院协同育人开辟新的路径

在现有的制度设计框架下，书院作为专业学院的补充性教育力量，与专业学院分工合理、职责明晰，但在育人方面却又依存紧密、资源互补。专业学院集中精力开展专业教学和科研，实现学生的专业化教育目标。书院则在第一课堂专业知识教学之外促进学生全面发展，逐步成为连接专业知识教育与综合素质教育的纽带，有效地推进了专业教育与人文教育融合共进、学校育人教育资源的统筹整合、学院与书院协同育人格局的形成。

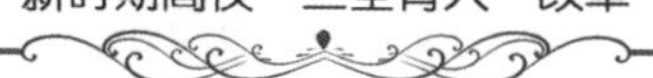

### （五）为学生自主成长成才搭建新的平台

书院采取打破学科专业的形式安排不同专业的学生生活在一起。不同专业的学生共同生活，形成了医文理知识渗透、不同学科相融的良好氛围，扩展学生了人际交往范围和学科知识视野。书院组建的学生“三自”管理机构和导生制度，能最大限度地让学生参与书院建设和管理，发挥学生在书院建设发展中的主动性和积极性。书院倡导的社区公约、创客工坊和小课堂教学模式，让学生在实现自我教育的同时，去教育、引导其他学生，朋辈教育的效能得到最大限度发挥。

### （六）多项理论成果转化落地

书院改革实践获第九届广东省教育教学成果奖一等奖。书院创新实验室获得了5项省部级课题项目立项，其中，“医学生创新训练课程建设”项目获教育部、中华医学会、中国高等教育学会主办的医学教育研究课题立项，“南方医科大学创新创业综合服务平台”项目获2018年度广东省本科高校创新创业教育改革研究重点项目立项，“3D打印技术在医学教育领域上的运用研究”“3D打印技术在无人机领域上的运用研究”项目获得广东省医学3D打印应用转化工程技术研究中心开放基金项目立项；出版教材《创客0-1——医科院校创新教育实践与探索》。

## 三、讨论

习近平总书记在全国高校思想政治工作会议上指出，“高校思想政治工作要因事而化、因时而进、因势而新”。随着时代的发展，社会对人才的衡量标准有所调整，这就需要大学适应新形势、应对新挑战，努力寻找人才培养内涵的突破点，培养符合时代需求的高素质人才。国内一些高校开始寻求人才培养内涵发展的革新之路，书院制便应运而生。书院不是一个新事物，南方医科大学在继承中国古代书院传统基础上，结合西方名校的“住宿学院制”模式，将不同学科专业背景的学生会聚在一个小型社区进行集中管理，有效解决了目前国内普通高校书院制模式的诸多共性问题，赋予了书院新的时代内涵。

第一，构建“双院”育人模式，拓宽全员育人空间，解决了书院与学院协同困难的问题。书院作为优化学校教育资源配置的育人新模式，与现有的学院模式存在一定冲突，容易产生书院和学院功能定位不准、职责分工不明、学生管理权责不清等问题。学校准确定位书院功能，科学构建运行机制，有效解决了“双院”协同难的问题。

第二，创新思政工作模式，拓展全方位育人阵地，解决了书院育人功能发挥不足的问题。现阶段，大多数高校的书院侧重于学生管理力量的补充。学校通过为书院量身打造思政教育创新项目、深化书院文化内涵建设、建设教育功能室等举措，有效解决了书院思政育人、文化育人功能发挥不明显，支持性的社区学习环境建设不完善等问题。

第三，建设高质量学业导师队伍，实现“教书”与“育人”相融合，解决了书院学业导师工作开展效果不理想的问题。学业导师是书院教育的核心力量，也是改善师生关系疏离问题的有效依托。学校通过提配比、强保障、建平台、出政策等手段，有效解决了学业导师数量配备不够、导师工作动力不足、专业化指导水平不高、德育工作缺位等问题。

第四，打造支持性发展社区、构筑人文素养培育体系、打造特色创新教育平台，解决了素质教育体系不完善的问题。因为专业培养的特殊性，高等医学院校在开展系统性人文和创新教育方面普遍缺少效果明显的方法和路径。学校通过在书院中搭建教育平台和构建课程体系，有效解决了人文教育零散化、片段化，创新教育与专业教育“两张皮”，重理论轻实践等问题。

书院制是一种大胆的探索和有益尝试，实施过程必然或多或少会与现行教育制度、教育环境相抵触。改革者应该以积极的心态去面对这些困难，坚持以创新学生管理模式为抓手，以推进人才培养模式改革为目标，解放思想、着眼长远，建设好每一个书院，做好“全人教育”，让每一名书院学子都能在书院的精神指引和文化濡染下，成长为心中有阳光、脚下有力量、胸中有情怀、肩上有担当的社会主义合格建设者和可靠接班人。

## 第三节　南方医科大学四大书院简介

### 一、博雅书院

博雅书院由第二临床医学院、卫生管理学院、国际教育学院、康复医学院组成，院训为“博学弘毅　雅行泽公”。这八个字立意深远，定位准确，特色鲜明，充分体现出博雅书院的文化理念和精神内涵，融汇了传统文化和现代思想，蕴含着博雅师生的道德理想、学术人格和社会责任。

书院院务委员负责书院的日常管理与运作，由书院院长、执行院长、专业学院领导、导师代表、学生代表组成。主要职责包括研究书院建设工作理论及实际问题；协调书院和学院的工作职责，加快书院建设进程；审定书院工作章程和中长期建设规划，健全规章制度。

书院注重通识教育活动的开展，强调培养学生健全的人格，使受教育者成为具备远大眼光、通融见识、博雅精神和优美情感的人，而不仅仅是某一狭窄专业领域的专精型人才。按照布鲁姆的教育目标分类法，围绕中国学生发展核心素养及医学人才全方位培养要求，博雅书院将书院制内涵发展划分为知识、能力、情感三个方面。三者构成人才核心素养的三个维度，形成书院内涵发展的框架和支撑体系。

博闻古今——博雅讲堂。博雅讲堂作为书院人文知识培育的重要载体，先后邀请了亚丁湾护航医疗队队长、华南师范大学应用心理系系主任、华语文学传媒盛典获奖嘉宾、央视百家讲坛主讲嘉宾等多位专家学者来给学生们开讲，主题涉及医者仁心、社会大观、读书为人等多个方面，对于拓宽学生视野、提高学生人文素养起到了重要的作用。

博览文化——文化大观园。文化大观园活动主要包括走进顺德文化、走进中国传统文化、走进国外文化三个部分。通过讲座、展览、参观等方式，带领学生走进顺德文化，了解当地风土人情、历史发展。通过昆曲进书院、京剧进书院以及相关传统节日活动的举办，加强学生对传统文化的了解，增强学生对于传统文化的认同感和历史使命感。通过举办中外学生交流活动，促进中外学生的交流、增进中外友谊的同时也使中外学生得以了解更多不同国家的文化。

博采众长——学业导师交流。学业导师的工作内容是对学生进行专业辅导和学业规划指导，指导学生开展研究性学习，帮助学生树立正确的专业思想；与学生分享人生阅历，在日常和学生接触中对学生进行言传身教，引导学生树立正确的世界观、人生观和价值观；组织和指导学生开展学术活动和社会实践，发掘和培养学生的创新意识和实践能力，培养学生的科学精神和人文素质，有意识地培养学生的科研兴趣、科研能力、创新能力和社会实践能力，促进学生健康成长、顺利成才。截至目前，书院学业导师共开展了“科学有效的学习方法”“临床与科研”“数据处理与论文创新”“我的学医之路”“医学生的自我修养”等多个主题的交流活动，通过线上线下等多种渠道，以讲座、座谈会等多种方式，助力书院学子成长成才。

博雅卓越——青年骨干培训。为切实提高学生骨干的业务能力和综合素质，促进学生骨干间的学习交流，充分发挥学生骨干的示范引领作用，增强学生组织的凝聚力和战斗力，博雅书院围绕团队建设、新闻写作、情绪管理、时间管理、新闻写作、演讲沟通等多个主题，对学生骨干展开全方位、多层次的培训。

雅艺雅趣——博雅导生小课堂。为丰富学生课余生活和书院的文化氛围，锻炼和培养学生的展示能力和表达能力，更好地发挥学生的主体作用，博雅书院邀请书院内有特殊才艺或技能的学生担任小导师，以课堂授课的形式将自身才艺教授给其他同学。教学内容囊括韩语、舞蹈、声乐、器乐、钢琴、Bbox、化妆、烘焙等。

## 二、知行书院

知行书院根据学校校训“博学济世，尚德笃行”中的“行”字命名，包括基础医学院、生物医学工程学院、检验与生物技术学院。院训取自《尚书》“知之匪艰，行之惟艰”，希望学生能够知行合一、止于至善。书院全面践行“三全育人”要求，将专业培养与素质教育紧密结合起来，促进全院学生的多面发展与综合素质的提升。

### （一）“党建+团建+思政+科研+公益”五位一体工作新格局

书院专职导师均为专职辅导员，同时兼任各学院团委副书记或团委委

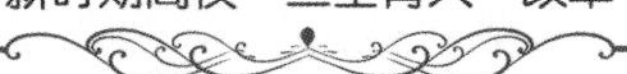

员、学生党支部书记或支委委员、校级社团指导老师等一职或多职，具备良好的政治素养、科研素养和工作素养，积累了一批代表性工作案例：曾获得2018年笃行计划暑期社会实践优秀指导老师、2018年及2019年广东省思想政治教育优秀工作案例等多个奖项。

书院工作理念为“知行合一、学以致用”，以构建新型和谐师生关系为目标，以学生全面发展为宗旨，坚持“以解决问题为导向，以服务学生为根本”的原则，大力开展通识教育，开展“丰富学生第二课堂，服务学生健康成长”系列活动。书院领导和导师将致力于建设多学科交流共融、学生全面成长成才的高水平书院，培养和造就掌握卓越创新能力、具有国际视野胸怀、敢于担当社会责任的高素质医学人才。

书院每年大力支持开展各类党建团建活动，包括主题党日团日活动、课题研究、书籍采购、外出调研，既确保了思想引领和实践育人的紧密结合，也能够形成更具实用价值的工作案例和研究成果，同时又能通过课题研究指导工作开展，便于研究成果的快速转化和工作经验的持续传承。

书院设院务委员会，负责书院的日常管理与运作，由执行院长、专职导师和学业导师代表、党员代表、学生代表组成，以知行合一为出发点，探索“管理、实践、培养”联动机制，着力培养学生的实践能力及与社会交流能力，突出以育人为核心的多元文化交流，努力实现自然科学与人文社科、专业课程与通识课程、师生互动与朋辈交流的融合，建设符合新时代人才成长规律、具有南方医科大学特点的书院制管理模式。

成立社区管理委员会、团学联组织（设有办公室、社区中心、学术科创中心、宣传中心四大部门，分别承担书院统筹安排、文体艺术活动、宣传报道、学术科研活动各方面职能），完善学生科学技术创新协会和电创基地等社团组织，以1：4的比例为新生配备朋辈导生，突出朋辈引领功能，着力探索和构建学生自我管理、自我协调、自我服务的新模式，促进学生自律、自理、自立能力的培养，学会认知、学会生存、学会做事、学会发展。

### （二）至臻学业，崇尚学术

落实学业导师制度，促进学生专业学习与综合素质的进步，依托学校管理制度和人才资源优势，为书院学子聘任学业导师。学业导师群体均具备硕士及以上学历（多位导师具备博士学位并有出国留学经历）和讲师以上职称（最高为教授或研究员），担任各学院副院长、学科带头人、科室主任或秘书等。老师们学识渊博、师德高尚，在各领域均有一定的影响力和学术地位。学业导师定期与学生开展线上线下见面活动，为学生举办专题讲座、学术与生活交流会、学生科研竞赛等活动，其中张洪武副教授还曾带队前往贵州地区开展支教活动，深得学生爱戴和信任。书院各学科体现了科技创新的特点，这对书院学子的综合素质提出了更高的要求，需要广大学子将知识与实践相结合，为实现专业价值而不断进取，秉持着“博学笃行，尚德济世”的初心并不断创新。

书院领导和专职导师带头开展学术研究，与学业导师一道引领全院师生形成“至臻学业，崇尚学术”的良好氛围。书院专职导师曾完成“革命文化融入医学生思想政治教育研究”“广佛地区优秀传统文化融入我校思政教育的途径与资源”等多项课题研究，以第一作者发表了相关研究成果多篇，如《区域文化资源融入高校育人路径》《“00 后”大学生思想政治教育的重点、难点问题研究》《自媒体时代背景下的高校网络思想政治教育工作研究》《丧文化流行趋势下的青年思想引导工作研究》等。相关成果曾获 2019 年广东高校思政论文一等奖和三等奖，对全院学生形成良好的带动激励作用。

### （三）文体科艺能多向塑造，德智体美劳全面发展

一是社会主义核心价值观引领计划。通过平语进社区、青马工程、爱国主义基地建设（参观黄埔军校、中共三大旧址、西海抗战烈士纪念陵园等）、国庆节主题教育、入学军训主题教育等活动，推进对书院学生的思想政治教育。

二是学生骨干培养计划。通过一年一度的书院迎新见面会，团学联招新面试、述职报告和换届选举，书院骨干素质拓展等项目，培养有责任、有担当、能奉献、高视野的书院学生骨干。

三是学术科研素养提升计划。通过电创基地、数模基地、各学院科创等学生组织和知行讲坛（先后有中国工程院院士钟世镇教授、人文医学领域专家杨晓霖教授、我校著名青年学者汪妹教授等多位学者莅临开讲）、“知群书　行天下”读书分享活动、电子设计大赛、数模大赛、生物科学知识竞赛、医学知识竞赛等大型活动，为学生学术科研素养的提升搭建平台。

四是文体艺术和文明礼仪素养提升计划。通过学生街舞队、歌唱队、剧社、古典舞队等学生文体艺术社团和元旦晚会、“龙虎遇知行”体育嘉

年华、军训团体操汇演、宿舍卫生和党员宿舍评比等大型活动，大大丰富学生课余生活，促进学生综合素养的提高，为书院营造良好的文体艺术氛围。

五是新时代公民志愿公益精神培育计划。书院组织学生在顺德校区开展校道打扫、送清凉、旧书和旧军训服回收，前往顺德区敬老院、容桂卫生服务站、顺德区小学开展敬老爱老、公益演出、打扫街道、指导小学生篮球运动等多类型多样化活动。同时，依托学生处、校团委、教务处开展携手奔小康、暑期“三下乡”、资助政策宣传、招生宣传等活动，培育广大学子的志愿公益精神，以及树立回报家国、热心公益、服务社会的意识。书院学子前往各地高中开展宣传以扩大学校知名度，走访贫困乡村和当地扶贫干部，并在禁毒和传染病防治知识的宣传等方面出力。在2020年防控疫情期间，李傲霜等多名学生挺身而出参与社区疫情防控工作，受到上级单位表扬。

书院通过思想政治引领、基层党团组织建设、学生骨干素质拓展、学术科研竞赛、文体艺术交流、社会公益志愿服务等多方面的特色内容，使学生专业互补、个性拓展、思想包容。鼓励不同背景的学生互相学习交流，丰富社区文化资源和交流载体，建设量大面广、有书院特色的精品社团，形成良好的书院文化氛围，从而满足学生全面发展的基本需要。鼓励广大学生在践行社会主义核心价值观的基础上追求个性化发展道路，为新时代健康中国的重大事业、两个一百年伟大奋斗目标的实现奉献南医知行学子的智慧和力量。

## 三、尚进书院

尚进书院根据学校校训“博学济世，尚德笃行”中的“尚”字命名。书院的人才培养目标是在南医精神指引下，培养思想道德好、专业水平高、人文基础宽、创新能力强的高素质复合型人才。书院学生来自中医药学院、护理学院、法医学院、药学院。

书院从理清工作思路、建立同心协力的合力育人机制、组建高效的工作团队入手，为书院建设发展夯实基础。书院形成了“德行兼修、通专并重、身心同育、师生相长”的育人理念，建立了“尚德计划”“尚学计划”“尚行计划”“尚体计划”“尚进文化”五位一体的育人体系，明确了侧重于建设文化育人的住宿社区、师生共享的交流空间、强化通识教育的

第二课堂和以引导为主的学生自我发展平台的工作目标，形成了以院务委员会为核心、执行院长全面负责、书院办公室总体协调、工作团队抓好落实的运行机制，建立了院务委员会会议、书院工作周例会、学生组织联席会议等“三会”制度。

书院致力于打造积极进取的文化内涵和精神追求。通过设置文化长廊、建立文化标识系统、制作特色文化产品，增强师生对书院文化的认同感和集体凝聚力；搭建宣传团队，充分发挥宣传专栏、微信公众号等窗口的力量，围绕爱国主义、个人修养等主题开设教育专栏，结合主题演说活动，引导学生自主思考与成长发展。

书院导师制的建立，从单纯导“学”走向全面导“育”。依托各学院的优势资源，建立导师育人长效机制，聚焦学生个性化需求，强调学科交叉、师生互动，通过项目引导、团队交流的形式开展“导师面对面”系列活动，加强师生的深度交流，鼓励导师积极参与书院社团、文体活动和社会实践团队，担任指导教师，在学识上指导学生、生活上熏陶学生、人格上引领学生。

书院文化秉承中国儒家思想精髓，注重道德完善，打造积极进取的文化内涵和精神追求。通过书院文化长廊、文化标识系统、特色文化产品形成环境育人的良好氛围，增强师生对书院文化的认同感和集体凝聚力；建立“青年之声”书院宣传团队，加强书院宣传阵地建设，围绕爱国主义、个人修养等主题开设教育专栏，举办主题演说活动，引导学生自主思考、勇于发声。

书院积极组织第二课堂教育活动，举办以提升人文素养为主题的“尚进讲堂”、以探究学术科技为主题的“进学说”、以朋辈互勉为主题的“尚 Tall”系列讲座和人物访谈活动。注重中国优秀传统文化的学习与传承，倾力打造“中国传统文化月”和“经典品读”等特色文化品牌活动，建立茶文化和舞龙舞狮等学生社团，提升和丰富学生的文化修养和人文精神，逐步形成书院通识教育的品牌活动。

书院从学生全面发展的成才需求出发，以宿舍为中心、以构成多元化为原则、以学生自治为目标构建学习与生活社区，营造一个小而全的成长环境。按学院、专业、年级交叉原则安排宿舍与划分社区，加强了不同背景、专业、世界观和兴趣爱好学生之间的交流与互动，提高了跨文化理解力，促进了新思想的萌发，实现了多元社区的概念。“新生校区导游活动”“节日慰问”“社区文化标识设计”“社区活动室设计大赛”等活动的开

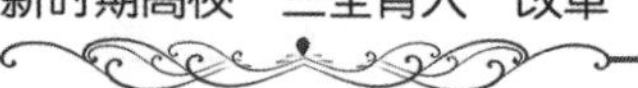

展，使不同的社区形成了各具特色的社区文化，强化了宿舍、社区之间的交流与融合，提升了社区归属感。书院成立了团学联合会、学生宿舍生活委员会、社区委员会等学生自治组织，使学生参与到书院和社区的建设决策中，更好地履行自我管理、自我服务、自我教育的职能。

## 四、德风书院

德风书院根据学校校训“博学济世，尚德笃行”，摘取校训中的“德”字起名，以培育德学兼备、谦和有礼、专业知识扎实的具有人文情怀的大学生为目标，包括公共卫生学院、外国语学院、第一临床医学院。书院坚持把立德树人作为根本，形成以培养“思想道德好、专业水平高、人文基础宽、创新能力强”的高素质复合型人才为主线的育人理念。

德风书院旨在以书院为平台，为学生健康成长提供更好的服务、更有力的支持。书院遵循“工作开展服务人才培养”的原则，下设院务委员会、院行政办公室、团学联合会等工作部门，以通识教育为核心，以学风建设为重点，以能力塑造为基础，以队伍建设为保障开展工作，形成了以院务委员会为核心、执行院长全面负责、书院办公室总体协调、工作团队抓好落实的运行机制。

书院以理想信念教育为核心，以学风建设为基础，以队伍建设为保障，借助学院优势资源，盯准课堂教学主渠道，利用导师面对面、经典品读、科创计划三大平台，汇聚“师、友、社会、社区”四方力量，建立“青蓝计划、立德计划、家缘计划、A&I 爱计划、德行计划”五位一体的育人体系。

书院结合社会时政，开展时事大讲堂等主题教育，强化形势政策教育和爱国主义教育；建设网络宣传阵地，完善书院 QQ、微博、网站等新媒体，拓宽思想政治教育平台；开展新生军训日记、主题班会、骨干训练营等活动，提升学生个人综合素质；加强学生人文关怀，开展“谈心谈话工程”，关心指导学生。

书院完善导生队伍、导师队伍、通识教育、团队、宣传工作及团学组织等六大板块建设，规范过程管理；开展“德风讲坛”、导师面对面、“学、研、行”结对子活动、经典品读、科创计划等“学风院风建设月”系列活动，定期检查督导，建设良好学风院风；开展书院午餐会、书院标识文化大赛、社区文化展示大赛、家缘文化节等活动，推进“家园文化”

建设，完善书院社区建设。

创立特色工作室，提高学生综合素质。围绕立德树人根本任务，以对学生分类指导为重点，先后成立叙事与人文工作室、育仁工作室、环心工作室、虫虫工作室、创客工坊、道德与法治工作室、哲学与批判工作室、艺术与审美工作室、自然与生命工作室、社会科学与当代中国工作室。书院通过兴趣相近同学之间的共同学习和相互交流，凝聚团队精神、培养团队意识，培养学生跨界思维能力、独立思考能力、团队协作能力、创新思维能力、沉稳做事的性格塑造，拉近同学之间的心理距离，形成师生之间的亲密氛围，形成所有成员都共同持有的身份认知和目标意识，注重让学生自由探索、不断反思，形成自我的价值判断，建立与生活世界的联系，从而产生生机勃勃的向心力，逐步建成特色鲜明的书院学生教育管理服务理论研究与实践基地。

注重学生能力培养，促进书院内涵式发展。书院着力培养学生的批判性独立思考能力、潜移默化中的自我约束能力、成长进步中的自主学习能力、日常交往中的相互沟通能力、成长过程中的抵抗挫折能力、学习实践中的科研思维能力、集体活动中的团结协作能力、大型集会中的自我表达能力、日常工作中的组织协调能力、预见事物发展趋势的洞察能力十种能力。同时，在学生中积极开展理想信念教育、诚信教育、励志教育、感恩教育、法治教育、劳动教育、挫折教育、集体归属感教育、家国认同感教育和社会责任感教育，以期逐步提高学生个人素质，培养德智体美劳全面发展的社会主义建设者和接班人，打造适应社会的有用人才。

书院搭建温馨的人文社区，完善学生发展平台，设立德风书院团学联管理书院学生活动，建设学术报告厅、谈心室、文体活动室及生活体验区等共享空间，并在公共活动区域设休闲区，打造专属文化滋养空间。开展党团组织进社区、学业导师和辅导员进社区、心理咨询和职业指导进社区、文化活动进社区、安全保卫进社区、学生自治组织进社区等“六进社区”活动，营造社区化、多样化的学习成长空间，加强学生社会化和人格塑造。

# 第二章 “三全育人”改革的学院实践案例

在学校全面推进“三全育人”改革过程中，学院是落实改革要求与工作部署的重要环节。学院以习近平新时代中国特色社会主义思想为指引，紧紧围绕《教育部办公厅关于开展“三全育人”综合改革试点工作的通知》所列建设任务和建设标准，坚持把立德树人作为中心环节，着重突破育人难点、突出育人重点、打造育人亮点，与学校整体规划“上下衔接”，融会贯通。

本章以中医药学院、公共卫生学院、第一临床医学院、第二临床医学院为案例，重点讨论学院在“三全育人”改革方面的探索和经验方法。四个学院的改革共同呈现出三个特点：一是坚持育人为本。四个学院均严格以《高校思想政治工作质量提升工程实施纲要》所提出的课程育人、科研育人、心理育人、管理育人、服务育人、资助育人、组织育人等“十大育人体系”为基础，把育人工作作为人才培养的第一要务和根本任务来抓，充分挖掘学院工作各领域、教育教学各环节、人才培养各方面的育人资源和育人力量。二是坚持问题导向，找准工作中的短板弱项，凝聚合力，实现重点突破。三是突出学科特色，四个学院中，一个以中医药为特色，一个以公共卫生和预防医学为特色，两个以临床医学为特色，在改革工作中凸显主线，既充分体现全覆盖，又有亮点、有创新，制定实施了一批力度大、措施实、接地气的改革举措，形成一批具有示范性、推广性、操作性的育人成果，打造了学校“三全育人”综合改革的“试验田”和“排头兵”。

# 第一节　中医药学院"三全育人"改革实践

中医药学院紧密围绕"为谁培养人、培养什么人、怎样培养人"这个教育的根本问题，把"立德树人"融入学院建设和管理的各方面、各领域、各环节，以新思政观引领改革，构建了学院党委统一领导、党政齐抓共管、各部门协调落实、师生共同参与的微观一体化育人体系；将思想政治工作融入办学、办院全过程，落实到教职员工的工作职责规范之中，不断推进全员、全过程、全方位的思政育人工作，打造"人人都是思想政治工作者"的育人文化。

## 一、多措并举，全面推进"三全育人"

### （一）合力凝聚，实现"全人员育人"有力度

开展"思政第一课""院长第一课"、院领导午餐会活动，将思政教育和人文关怀融入学生课堂和食堂，增强学生对学院的认同感；专业课老师通过课程思政，加强学生的专业自信心；建立专任教师担任兼职辅导员制度，为学生提供学习生活指导和科研指导；学工队伍分层次、有重点地开展思政品牌活动和育人计划，合力凝聚，实现"全人员育人"有力度。

### （二）情怀投入，实现"全过程育人"有梯度

根据学生成长规律，学院以主题教育为线，制定贯穿于大一至大五全过程的"大学生核心素质能力培养"计划，有计划、分阶段、有梯度地对学生在不同学业阶段的需求进行主题教育教学设计，将思政教育贯穿于育人全过程；以党团教育为线，将组织培养贯穿于育人全过程；以专业教育为线，将优秀传统文化贯穿于育人全过程，加大情怀投入，力争实现"全过程育人"有梯度。

### （三）分类指导，实现"全方位育人"有广度

严守意识形态阵地，了解掌握学生日常学习、生活、校内外活动和思

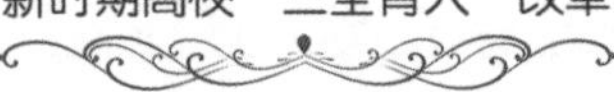

想动态；经常与学生谈心谈话，及时了解掌握学生的思想、心理动态及存在的困难，及时进行疏导和帮扶，实现心理育人和资助育人并举；开展丰富多彩的党团活动，引导学生在实践活动和党团组织生活中不断成长，扩大视野，综合发展。

## 二、“十大育人”体系建设

### （一）课程育人

落实专业负责人或课程负责人讲第一课制度；各科室根据开课任务，修订教学大纲，完善教案；各科室学年必须开展一次课程思政集体备课；开展课程思政示范观摩听课活动；打造 1 ～ 2 门课程思政品牌课程；选树 1 ～ 2 名课程思政优秀教师；学院优秀教学案例编辑和收集，印制成册下发给全院教师。

### （二）科研育人

构建教育、预防、监督、惩治于一体的学术诚信体系；开展“科研导师进课堂”专题讲座；借助大创课题、挑战杯课外学术作品、科研启蒙计划、“互联网 + ”等项目平台，鼓励教师带领学生参与科研项目；着力加强医、教、研、产合作，推动科研成果转化；试点开展科研导师制度。

### （三）实践育人

通过组织开展党日活动、志愿服务活动等方式增加学生社会实践机会，将党建思政教育理论学习融入实践当中，保障培育取得实效；开展“青春战疫，益起行动”志愿活动、“党旗伴我行”学生党员暑期社会实践活动、“守初心、担使命”志愿服务活动，以及职业人物访谈和“把爱带回家”寒假作业活动。大力支持学生创新创业，孵化培育相关项目并形成长效机制；打造“双创”工作室，为学生创新创业提供更好的平台。

### （四）文化育人

通过学院各项美化工程增强中医药氛围，让学生在浓厚的中医药氛围中提升对中医药的认同感及文化自信；开展“疫情下的家乡”主题征文、“我为招生献一策”活动、“疫情人心，诗画影颂”比赛、“中医药文化节"系列活动、"疫情下的生命健康"等主题演讲比赛、名老中医传承班拜师仪式、出师仪式、"南英谈"等品牌文化活动。

### （五）网络育人

利用学院微信公众号、"杏林党建"等媒体平台推送关于先进典型人物（包括国家先进榜样人物、古今中医名家、学院先进优秀教职工等）的事迹文章，鼓励学生们学习先进模范的精神，激发学生投身于中医药事业的学习热情；定期推送重大节点、重大事件新闻，五四优秀青年事迹、"毕业生实习风采"等，加强对学生的思想引导；开展保研经验推文分享、优秀毕业生风采展、十大魅力之星评选网络榜样人物事迹展等网络推送，树立正能量榜样，实现网络育人。

### （六）心理育人

完善学院二级心理辅导站、班级、宿舍三级心理健康教育与干预工作体系；经常性开展谈心谈话心理筛查、心理讲座普及和宣传心理健康知识；打造"5·25"心理健康月系列征文、演讲、漫画、情景剧等心理健康教育品牌项目；建立班级心理委员筛查、识别、反馈的工作制度。

### （七）管理育人

建立兼职辅导员制度，从专业层面做好对学生的教育引导管理；加强班级管理、学风建设、日常事务等管理；开展感恩教育、考风考纪教育、诚信教育、礼貌礼节教育、职业人物访谈、考研经验分享、求职面试分享等主题教育。

### （八）服务育人

指导和保障学生党总支工作的开展及经费的支持；增强机关科室职能，做好对学生日常事务的服务工作，协助各活动部门落实经费、场地、后勤等保障；进行毕业生就业意向进展问卷调查和提供就业帮扶；实现疫情期间困难学生、湖北学生和重难点学生家访全覆盖。

### （九）资助育人

坚持扶贫与扶志相结合的理念，实现对家庭经济困难学生资助全覆盖；以勤工俭学与励志助学工作为载体加强"自强教育"；积极挖掘社会

资助资源，做好国家“三金”、校级奖学金的评选工作。

### （十）组织育人

加强学生党组织建设，严格做好学生党员的发展培育工作，大力加强党章党规的学习及主题教育；开展团委学生会拓展活动、党支部党日活动、团支部团日活动、班级班建活动、兴趣社团活动等组织活动；开展针对团学骨干、班级骨干、党支部书记、支部委员等组织管理能力提升的专题培训，学院党委班子成员落实学生支部的联系指导制度。鼓励学生积极入党，充分发挥基层党支部的战斗堡垒作用。坚持在学生党员当中贯彻实施党的育人机制和理念，不断提高学生的政治觉悟，以党建带动团建，立足团支部开展思想政治教育创新模式研究，定期开展党日、团日等主题教育活动，让学生党员在日常学习生活中发挥出典型引领作用。

## 三、取得的成效

### （一）“全人员”育人

学院领导为本科生上好书记“思政第一课”“院长第一课”，参加中医药文化节、中华经典诵读等学生品牌活动，将思政教育融入学生课堂和活动中，弘扬中医药传统文化。专家教授参与学生活动的指导、专业见面会、名老中医传承班拜师仪式、中医药知识竞赛、社区义诊、临床跟诊指导等活动，加强对学生专业技能的培养，强化学生专业自信心。专职辅导员组织开展形式多样的主题教育、党日活动和团日活动，与学生谈心谈话，把握学生心理的脉搏，深入了解学生需求，加强思想引领。兼职辅导员结合专业，对中医药学子进行专业知识学习引领，与专职辅导员形成合力，促进学生全面发展。

### （二）“全过程”育人

根据学生成长规律，制定“大学生核心素质能力培养”主题教育计划，贯穿于在大一至大五全过程，有计划、分阶段、深入地针对学生在不同学业阶段的思政教育需求进行教学设计。

### （三）“全方位”育人

文化育人方面，开展“中医药文化节”系列活动、名老中医传承班拜师仪式、经典诵读等活动；网络育人方面，结合“灯塔工程”，利用新媒体平台，宣传正能量；管理育人方面，通过寒暑假作业“把爱带回家”感恩教育、个人总结规划、职业人物访谈、“十大魅力之星”评选，加强对学生管理；实践育人方面，开展“党旗伴我行”学生党员三下乡暑期社会实践活动、“雷锋月”系列活动、各类公益活动、“挑战杯·创青春”等竞赛，加强对学生综合素质的培养。

## 四、主要经验与做法

### （一）全人员投入中医药特色育人，加大力度打通“最后一公里”

学院构建起学院领导带头，以专业课教师、专职辅导员为主力，管教研兼职辅导员及优秀校友模范人物为辅助的全人员育人队伍。以“言传身教”为教育主线，以教育者的专业知识以及自身的学习工作发展经验为支撑，通过课程思政教学、传统文化主题教育、职业生涯和人生经验分享等形式，传承中华优秀传统文化及中医药教育文化，发扬爱国守法、明礼诚信、敬业奉献等时代精神，传递新时代中医药青年守正创新的使命号召。学院领导午餐会、学科带头人专业介绍会等，让学生可以和书记、院长促膝长谈；“优秀校友面对面”网络班会、学院兼职辅导员主题分享会等，让中医药职业人与学生“零距离”交流点滴。学院上下同仁形成了“育人在我，我本育人”的全人员育人氛围。与此同时，学院管教研队伍也不断加强自身建设，加强师德师风的自我教育和管理约束，让“传道受业解惑”成为一种工作习惯和风气风尚。

### （二）全过程贯彻中医药特色育人，形成梯度保障学子德能兼修

学院坚持打通入学、学习、毕业各个环节，创新地把学生思想政治、组织纪律、社会化、职业规划等教育梯度化，构建“全过程育人”完整链条，保障中医药学子德能兼修。在全过程育人的工作中，学院始终充分发扬中医药师徒传承及中华传统教育文化特色与特征，制定了“大学生核心素质能力培养”主题教育计划，有梯度地针对学生在不同学业阶段的需求进行主题教育设计。大一以角色转变、学习方法、心理适应、人际交往等

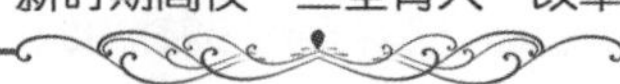

适应性主题教育为主，大二以理想信念、恋爱观、荣辱观、诚信观、法制观等引导性主题教育为主，大三以创新教育、团队协作能力、独立思考能力、运用知识和筛选信息能力的培养等挖掘性主题教育为主，大四以职业生涯规划、综合能力素质的培养等规划性主题教育为主，大五以理想指引、社会适应、感恩母校、就业指导等指引性主题教育为主。

### （三）全方位丰富中医药特色育人，拓展广度挖掘中医药道路自信

逐步建立健全运行顺畅、保障有力、有效协同的十大育人机制。学院创新地挖掘思政发展路径，在文化、网络、管理、资助、心理等五个方向中取得了层次突破。作为具有浓厚传统文化及传承特色的中医药教学事业，树立中医药学子的文化及学科自信尤为重要。学院以中医药特色活动为载体进行“传统文化教育”，以“传承经典，弘扬传统”为目标，弘扬中医药知识文化，开展了富有广度、深度和温度的“中医药文化节”系列活动、名老中医传承班拜师仪式、出师仪式、中医经典诵读、“南英谈”等品牌文化活动。在网络育人方面，开展灯塔工程品牌活动——学生十大魅力之星评选网络榜样人物事迹、优秀毕业生事迹等评选，形成网络榜样示范作用，弘扬正能量。同时，加强学生网络素养教育，运用网络新媒体对学生开展思想引领、学习指导、生活辅导等，加强与学生的网上互动交流，整合网络资源和动员力量，紧抓网络思政建设，弘扬社会主义核心价值观。管理育人方面，学院加强社会主义核心价值观引领，始终重点关注班级学风建设及日常事务等管理，将集体主义教育融入管理过程中。资助育人方面，在全力贯彻学校助学工作的同时，学院还组织了包括社会慈善力量爱心捐资、学院爱心捐助等活动，在帮扶困难学生顺利完成学业的同时，更注重培养学生的纪律意识、责任意识、自立意识、自尊意识，健全学生社会意识，满怀奉献精神，为社会输送有责任、有担当、有情怀的人才，提升资助工作的教育作用和育人高度。心理育人方面，为培育学生理性平和、乐观向上的健康心态，依托二级心理辅导站进行谈心谈话心理筛查、心理讲座普及和宣传心理健康知识。建立班级心理委员筛查、识别、反馈的工作制度，由辅导员牵头，发挥二级心理辅导站宣传与教育的功效，定期开展“心理健康教育”专项活动，营造学生群体积极向上的心理健康氛围。

## 五、持续深化改革的思路

### （一）着力构建"三全育人"联动机制，形成教育合力

**1. 加强育人队伍的素质建设，提升育人质量**

首先，通过研讨会、培训会、党课团课等方式对全体教职员工进行管理和培训，加强马克思主义理论学习，不断完善全体教职员工的考核机制，提升育人队伍的综合素养、专业能力和科研水平，实现育人队伍专业化、职业化。其次，强化教师育人职责。育人队伍不仅要具备扎实的理论基础，充分理解并掌握科学的政治理论、专业知识和必备技能，同时还要树立正确的价值观念，秉行"育人为本、德育为先"的教育理念，使其贯穿渗透到教育教学的全过程，实现教书和育人有机统一。最后，要重视师德师风建设。各育人队伍要形成高尚的思想道德节操和工作作风，以德施教、寓教于行，深入了解学生的思想动态、价值取向，认真听取学生提出的意见和建议，改进完善育人工作，真正成为先进政治理论的积极传播者和学生健康全面发展的正确引导者，将育人工作落到实处。

**2. 形成立体化、全方位的育人格局**

各部门包括党政管理干部、教师、辅导员、兼职辅导员等全体教职员工之间加强联系，协同配合，群策群力，打造育人共同体。党政管理干部要发挥领导核心作用，加强党团建设和理论学习，不断提升自己的政治思想和理论水平，掌握高校思想政治工作的主导权。对育人队伍进行定期培训和考核，不断提升其专业化水平和质量，采取有效措施，适当减轻大学辅导员工作负担，使其将更多的热情和精力投入到学生的思想政治教育工作中，加强与学生之间的良性互动，促进学生全面健康成长，真正成为育人工作的中坚力量。专业课教师要转变传统的思想政治教育观念，在进行教学活动时不仅要传授专业课知识，还要充分发掘其中的思想道德因素，积极探索思想政治教育路径，协同思政课教师，引导和规范学生行为。后勤人员和教辅人员也要增强责任感，立足自己本职工作，关注学生诉求，做好学生服务工作。

**3. 建立家庭、学校、社会、学生四位一体的协调联动育人格局**

首先，要充分调动家长的积极性，辅导员可以借助现代信息技术加强与学生家长之间的即时沟通与联系，如实时向家长反馈学生在校动态，共

同商议学生培养计划与方案，促进学生健康成长。其次，要充分利用社会资源和平台，发挥社会方面的育人功能，如定期开展校外实习活动，增强学生社会适应能力，邀请社会先进模范人物、优秀社会团体进校演讲，发挥其榜样示范作用。再次，加强对学生育人功能的重视，通过对成绩优异、能力突出的优秀学生进行表彰，建立相应的激励机制，发挥其在学生群体中的示范带头作用，鼓励学生之间相互教育、自我教育，传播社会正能量，营造文明和谐、健康向上的学术氛围。最后，建立相应的激励机制和奖惩机制，调动育人队伍的积极性，自觉提升自己的专业能力，规范自己的行为，从而产生协同效应，做好学生各方面的指导工作。

### （二）创新完善“三全育人”教育机制，提高育人实效

#### 1. 全面改进和创新思想政治教育工作

首先，改革创新教学模式。教育者要厘清教学重点，将抽象空洞的理论知识转换为通俗易懂的语言，便于学生理解接受；要转变传统的教学理念，避免单一的授课方式，采用“创设情境”“启发引导”“课堂辩论”等新型教学形式，培养调动学生的主动思考、自我分析能力；同时要将党情国情教育贯穿于育人全过程，针对社会热点、时事政治、国内外焦点等话题展开讨论与分析，显性教育与隐性教育相互渗透，增强学生社会责任感和价值认同感。其次，创新教育方法与手段，实现现代科学技术、媒体与高校思想政治教育过程的深度融合，提高高校思想政治教育工作质量与效率。教育者可以通过播放相关新闻、影片、微视频、课件展示等方式向学生传递最新社会信息与热点，与教材互为补充，保证教育内容的时效性，增强育人过程的感染力、说服力。最后，优化课程体系，立足学生实践情况，科学合理安排德育课程，坚持以高校思想政治理论课为重点，同时结合心理健康教育、大学生素质拓展教育、就业创业指导教育等课程，促进学生全面发展。通过开设网络学习课程、微信公众号推送等，丰富教育形式，实现随时学习、随时教育。同时，教育者自身也要自觉学习先进理论和技术，不断提升自己的专业素养和能力，扮演好人类灵魂工程师这一重要角色。

#### 2. 强化校园环境建设和管理

首先，要加强对校园秩序的规范和管理，明确校园规章制度，保证校园环境的安全有序。要加强对网络环境的监管净化，推广学术网站，对各种网络信息资源进行甄别与筛选，充分合理地利用网络渠道，传播马克思

主义理论、党和国家政策，弘扬社会正能量，进而规范引导教育者和受教育者的思想观念和上网行为。其次，加强校园文化阵地建设。通过举办形式多样、主题鲜明的校园文化活动，如校园文化周、艺术节、学术交流会等，着力发展校园文化，夯实社会主义先进文化基础，突出校风校训，贯彻践行社会主义核心价值观，切实提高育人工作成效，形成健康向上的学习氛围。最后，要加强校园基础设施建设的投资力度，合理选择开发利用现有教育资源，为学生提供实践锻炼的机会和平台。要及时更新和完善图书馆、操场、餐厅、宿舍、教学设备等基础设施建设，做好校园绿化和清洁工作，共同构建和谐、文明的校园环境，为学生提供良好的学习和生活环境，将高校思想政治教育工作真正落实到位。

**3. 增强思想政治教育教学各环节的衔接性与针对性**

首先，大学时期是学生人生生涯的重要阶段，在不同阶段呈现出不同的特点，高校要准确把握学生成长的规律，将"三全育人"理念渗透到育人工作的全过程，做好不同阶段的思想政治教育工作，实现各个教育阶段的无缝对接，帮助学生形成正确的价值观念。辅导员要做好大一新生入学教育指导工作，通过组织新老生交流会、班会等方式，帮助新生尽快熟悉、适应大学生活，重点关注其心理健康状况，加强学生心理疏导工作，引导其明确未来大学四年或五年的学业规划和目标；对于大二、大三年级的学生要加强专业知识教育，要注重锻炼学生专业技能，重点锻炼培养其创新创业能力；对于大四或大五年级的学生，学校通过开设实习、考研、就业等相关课程，帮助学生从多渠道了解国家就业政策和社会就业形势，同时鼓励学生走出校园，更多地接触社会，明确自身职业方向，从而树立正确的择业观、就业观和创业观，做好学生毕业相关指导工作。其次，教育者和受教育者彼此建立和谐的教育关系是有效开展思想政治教育活动的重要前提。在教育准备环节，教育者要加强与学生的交流沟通，深入了解学生的性格特点、家庭状况以及受教育情况，以便对学生进行针对性教育和指导；在教育实施环节，要充分发挥思想政治理论课的主渠道作用，实现理论教育环节和实践教育环节的有机结合。除了校内实践，还要注重课外社会实践，如组织学生参与志愿者服务活动、慈善公益活动，组织学生开展读书交流会、参观博物馆、参观革命文化基地等，使其思想观念在潜移默化中发生转变与提升，帮助学生实现知情意信行的有效转化。同时，要重视反馈调控环节，如可以通过建立科学的德育考核评价机制，考核方式实现灵活化、多样化，获取有效反馈信息，及时了解学生动态、倾听学生声音、解决学生问题，不断改进和完善思想政治教育工作，优化思想政治教育过程，落实跟进教育成果。

### （三）要做好大学生寒暑假和双休日的思想政治教育工作

学校教育者、管理者要充分利用学生假期时间做好日常思想政治教育工作，实现“无时不教育”。例如，通过“三下乡”暑期实践活动、社会调研等形式，提升学生的社会实践能力，让学生在实践中增长知识和才干，培养开拓创新的能力，提升综合素质和思想道德修养，塑造健全的人格，增强责任意识、社会意识、服务意识；利用微博、微信等网络社交平台，与家长和学生进行双向即时互动，及时了解学生动态，督促学生进行学习，充实学生的假期生活。

## 第二节 公共卫生学院"三全育人"改革实践

公共卫生学院坚持"以生为本、服务学生"的工作理念，紧扣立德树人根本任务，以社会发展对公卫人才的需求为导向，结合新时代大学生思想特点和学院学科专业实际，构建全员育人、全程育人、全方位育人的大学生素质教育体系。创新素质教育内容和方法体系，将思想政治教育工作融入人才培养各环节，打通"三全育人"最后一公里，使思想政治教育落到实处，不断提高思想政治教育工作的针对性、实效性、时代性和吸引力，着力培养思想正、素质高、有担当、有理想的新时代公卫人，探索形成全员、全过程、全方位一体化的育人工作体系。

### 一、"十大育人"体系建设

#### （一）发挥课程育人作用

着眼于完善制度和创新方法两大方面，加强"课程思政"建设，构建多维度、立体化思政教育与医德教育相融合的思想政治教育新模式。坚持落实"形势与政策"课程集体备课制度，系统化提升思政课程质量；进一步落实学院党委书记、院长主讲"思政第一课"，打造网络思政微课平台，营造符合时代发展的全方位德育教育氛围。

#### （二）发挥实践育人作用

构建"高校+社区""高校+企业""高校+卫生系统"三大实践育人载体。结合第二课堂，针对不同年级学生的不同需求，设计有层次的实践课题体系。举办预防技能大赛校赛、省赛、国赛，升级实践育人平台。构建以提升学生核心能力为中心、学院和书院第二课堂联动为纽带的实践育人体系，并进一步提出"双院制多元立交式"实践育人模式的实施方案。

#### （三）发挥文化育人作用

系统设计立足传统、融合创新、凝练精品的"三维"文化育人体系，

拓展育人途径、丰富育人抓手，充分发挥大学文化的创新、传承和育人功能。利用两校区优势，将古典与现代元素融入校园景物，深入挖掘校园文化育人资源。以传统文化节为主线，大力塑造校园文化精品，打造特色校园文化品牌，提高文化育人品位。

### （四）发挥网络育人作用

聚拢“两端多微”合力，整合网络文化资源。推动学院网站、学院党建网站、“三全育人”专项工作网站、“公卫学工”“公卫 e 家”“公卫党员之家”等网站、微博、微信平台建设，打造服务师生学习和生活的优质信息平台，将“传播正能量”与“创造正能量”相结合，唱响时代主旋律。抓住开学季、招生季、毕业季、特殊事件等关键时间节点，举办网络文化节，搭建网络文化竞赛平台，开展网络知识竞赛。

### （五）发挥心理育人作用

调动核心力量，实践“守门人”预警机制。以我校心理学系的“守门人”预警机制为基础，培训心理委员和班委等作为广大学生日常心理活动的“守门人”。通过在不断的实践中调整和完善具有“守门人”特色的心理危机预警体系，最终形成适应学院学生、实现可第一时间发现心理危机的预警机制。

### （六）发挥管理育人作用

纵览人才培养全局，扎实推进“两群体”管理育人。在大学生事务管理中强化管理育人理念，开展朋辈教育，构建学生自我教育、自我管理、自我服务、自我监督体系，推进学生“四自发展”计划。在学生骨干重点培养中优化管理育人手段，加强骨干培训，打造学生干部培训特色项目，不断提高学生骨干的领导力。

### （七）发挥资助育人作用

坚持“三帮”原则，推进“五个一”工程，构建发展型资助育人体系。对经济困难学生的扶助，实行“三帮”原则，即“帮生活、帮学习、帮思想”。探索出“五个一”工程帮困育人模式，即开展一次帮困助学的宣讲会、创建一个帮困助学的数据库、进行一系列帮困助学的调研、举办一系列贫困生技能培训班、完成好一次帮困助学总结。

### （八）发挥组织育人作用

加强学院基层党支部带头人队伍建设，认真实施"双带头人"培育工程。积极发挥党、团、学、科四大组织自身的组织优势，持续开展"不忘初心、牢记使命"主题教育，共同承担起育人的重大使命，对组织的成员在思想价值方面发挥潜移默化的引领作用。

### （九）发挥科研育人作用

关注价值塑造和思维创新"开机键"，将育人作为科研的立脚点。一方面，引导科研人员把思想价值引领贯穿于选题设计、科研立项、项目研究、成果运用的全过程，并健全学术评价标准和科研成果评价办法，构建集教育、预防、监督、惩治于一体的学术诚信体系；另一方面，实施科研创新团队培育支持计划、科教协同育人计划、产学研合作协同育人计划等项目，引导师生积极参与科技创新团队、参加科研创新训练，培养科学精神和创新意识。

### （十）发挥服务育人作用

将服务育人"闪光点"贯穿于教学线、学工线中，建立服务协同机制，探索服务育人新格局。积极落实服务部门育人的有关要求，最大限度地发挥协同育人的作用。从学院内部打通系部间、科室间的沟通障碍，探索建立一体化的服务机制。发挥教师在服务工作中的示范作用，增强服务意识、改进服务态度、提升服务水平，从小事做起、从点滴做起，发挥应有的模范带头作用，春风化雨、润物无声。

## 二、取得的成效

学院推进"三全育人"改革以来，各项工作均取得明显成效，打造了一支以专业教师和辅导员为主体的水平过硬的学生思政教育工作队伍，形成了一套多维立体的课程思政教育教学体系，培育了一批特色突出的学生工作精品项目，为下一步深化改革成效提供了基础。

### （一）加强基层党团组织建设，创新实践育人保障功能

不断提高整体党建工作的建设质量，为学院稳步快速发展提供坚强政

治保证。其一，落实学院基层党支部书记队伍建设，实施“双带头人”培育工程，学院所有党支部书记均由各科室主要领导和各年级辅导员担任，100%达到“双带头人”要求。其二，落实好党建带团建工作，加强对教师、学生党支部工作的指导，分类制定师生党支部工作考核评价办法，组织党支部换届和党支部书记抓党建述职考核，建立党建工作责任清单，加强督促检查。其三，学习教育常态化、制度化与“三会一课”、主题党日、社会实践有机结合，坚持定期开展党支部书记培训，创新工作方法、拓宽工作思路，切实提升基层党组织组织力、凝聚力、战斗力。其四，继续探索师生党支部共建活动新模式，病原生物学系党支部与学生党总支结对共建，在顺德校区开展培优计划讲座、校园健康行等科普讲座和实践活动，受到顺德校区师生的一致好评和欢迎。放射医学系党支部与广东省职业病防治院党支部进行结对共建，为学院提供优质科研、教学合作资源。2019年暑假期间，学院组建30余人的实践团队赴顺德区均安镇开展党支部结对共建活动暨大学生党员暑期社会实践活动，开展了包括政策宣讲、健康科普和检测、创新教育和心理健康教育等活动，该活动为期6天，积极推进和谐社区的全面建设，让学生党员走进社区、了解社会，促进“四个坚持”“四个自信”。其五，创新党建工作方式，拓展党员教育实践基地。学院结合“不忘初心，牢记使命”主题教育开展主题党日活动、特色教育活动30余次，如前往中共三大会址纪念馆参观学习、赴遵义参加党性教育培训、参加党的十九大暨两会时政分析挑战赛等。

### （二）全员、全程、全方位建设课程思政教育教学体系

为深入贯彻习近平总书记在全国高校思想政治工作会议上的重要讲话精神，发挥思想政治理论课的主渠道作用，挖掘综合素养课和专业课的育人功能，我院积极探索、不断总结，初步形成了“1423”模式的多维立体课程思政教育教学体系：坚持以立德树人为一个核心任务，抓好专业教师、专职辅导员、朋辈力量和优秀校友四支队伍，通过线上、线下两条路径，扎实开展专业课程、思政理论和实践教育三项教育。

一是广泛发动学院教师推动课程思政广覆盖。学院邹飞教授参与主编的南方医科大学思想政治理论课托架统编教材之辅助教材“医学人文精神培育”丛书已出版。“预防医学导论”“认知心理学”“医学微生物学”“医学寄生虫”等课程都在开展课程思政教学改革，确立价值塑造、能力培养、知识传授“三位一体”的课程目标，注重思政教育与专业教育的有

机衔接和融合，在知识传授中强调主流价值引领。组织学院俞守义、邹飞、杨杏芬、彭鸿娟、赵静波、赵卫等知名教授、教学骨干、科研教师开展具有学科特色的"公卫战疫五堂课"系列讲座，结合公共卫生人在新冠肺炎疫情防控工作中的事迹，对学生进行爱国教育、思想政治教育、专业思想教育、生命教育、心理健康教育，宣传国家在各领域的发展成果和制度优越性，激发学生爱国情怀和民族自豪感，坚定"四个自信"。

二是促进专职辅导员职业化、专业化发展，增强辅导员队伍的思政教育工作能力，鼓励发挥个人特长和爱好，目前已开设"大学生与法""青年发展导论""大学生形象与沟通"等通识选修课。重视价值引导和优秀传统文化的传承，引导学生自觉弘扬和践行社会主义核心价值观，帮助学生树立起文化自觉和文化自信。结合新时期大学生思想政治教育的新形势、新问题，坚持以问题为导向，不断总结和创新周点名、主题教育等传统工作的内容和形式，化零为整，形成系统化、模块化的辅导员主题教育工作指南。

三是积极发挥优秀校友的榜样影响作用。坚持每年一次的"师兄师姐回来了"优秀校友交流活动，邀请在各行各业小有成就的往届毕业生返校与在校生进行学习、工作、生活等多方面的深入交流，并邀请优秀毕业生参加学院教学工作会议，为我院学科发展和人才培养模式改革建设提供宝贵意见。踏上工作岗位的师兄师姐以他们的亲身经历，用一个个鲜活的事例，向在校生讲述了疫情的残酷、公卫人的坚持以及国家的强大，大大激发了在校生的专业学习热情和社会奉献意识，增强了他们的专业认同感和社会责任感，促使学生立志将个人发展与国家建设、民族复兴统一起来。

### （三）将人才培养与国家发展战略紧密结合

为适应国家经济社会发展需要，为健康中国战略提供高质量的公共卫生后备力量，学院注重学生素质能力的提升，致力于培养科研应急型人才。本科生近三年就业率均达 96% 以上，研究生就业率连续三年达 100%，执业医师考试通过率在全国公共卫生专业中名列前茅，学生的综合能力、专业素养及实操能力得到用人单位的好评。注重实践育人，以"双向成长"奉献社会，初步构建"高校 + 卫生系统""高校 + 社区"的两大实践育人载体。学院与政府机构保持合作，立足学院学科优势，为学生提供各类社会实践机会。组织预防医学学生参与珠海口岸一线防控甲型 H1N1 流感疫情工作及广州亚运会安保任务，国家质检局和广东省领导对我校学生在机场的突出表现给予了充分肯定和高度赞扬；与顺德区环境运输和城市管理局合作，组织学生600人次开展对顺德地区21个乡镇居民进行为期3年的市政满意度调查；与广东省卫生厅合作，以社会实践的形式带领学生200人次参与中山、肇庆、东莞等23个地区土壤采样工作；与广州市疾控中心合作，于2014—2019年期间派出120人次优秀学生参与广州地区房颤成因课题的调查，走访番禺、黄埔、天河等5区1000多户居民，进行入户访谈，我院学生出色完成任务，受到单位一致好评。

学院品牌社会实践团队虫虫工作室、“及时雨”助残义工队继续保持活力，为广大青年提供更丰富、更专业的实践机会。“及时雨”团队目前与顺德威权康复中心、顺德星宇社区工作服务中心、马岗小学、凤城中学建立实践基地协议，每学期定点定期开展实践活动，受助儿童1000余人次，受助家庭20余户，该团队获“省级优秀社会实践团队”，两名主要负责人获“全国优秀志愿者”称号。“及时雨”团队在马岗小学做心理健康活动，虫虫工作室以开展科学知识宣讲和提供肠道寄生虫检查服务为切入点，向居民提供专业健康知识科普以及免费身体检查。活动辐射至大良、容桂、北滘、勒流等镇区，分别与顺德区的6所中小学、2个居（村）委会、2所家庭综合服务中心达成合作，取得良好成效。该工作室获校级“优秀团队”称号，肝吸虫病知识科普活动获得广东省德胜基金会的资金支持。

自2020年1月新型冠状病毒感染肺炎疫情防控战打响以来，学院在学校党委的直接领导和全面指挥下，全面动员、主动作为，从协助政府制定防控措施到深化在校学生思想政治教育工作，公共卫生学院全员一心，积极投入到疫情防控阻击战中，各项工作都取得突出成绩。组建专家团队，精准对口支援，学院迅速对接梅州市、清远市、阳江市、茂名市、肇庆市、河源市、韶关市、江门市8个地市的疾病预防控制中心，对口支援当地的现场流调工作；组建青年志愿队，出征一线工作。由26名优秀研究生组建的“公卫击冠青年志愿队”，于2月20日至4月5日期间参与全省新冠肺炎流行病学调查工作。他们分别奔赴广东省疾病预防控制中心及广州市疾病预防控制中心，在疾控老师带领下，与一线工作人员一起支持全省21个地市的流行病学调查工作，为全省疫情防控工作加油助力。

### （四）抢占线上阵地，充分发挥网络思政平台作用

信息化时代，电脑、手机已成为人们的生活必需品，微信、微视频、

微博等各种形式的自媒体平台已成为人们获取信息的主要途径。网络平台建设是完成思想政治理论课教学的载体，可以不断丰富思想政治教育的形式，提高学生学习的积极性。同时，打破传统思想政治教育空间和时间的限制，使其无时无刻不发挥其功能，对学生产生潜移默化的影响。学院已建立"南医大公卫党员之家""公卫团委""南医大公卫学生会""公卫学工"等官方微信公众号，打造"三全育人"试点改革工作专题网站，利用网络平台宣传学校方针政策、介绍学院工作，利用好爱课平台、腾讯会议等网络平台，开展云班会、空中团日活动等线上思政活动。

由预防医学本科生创建、学院教师指导的"公卫 e 家"平台不断探索线上社会服务与学生思政教育相结合，取得良好效果，增强了思政教育效果的时代性。其创建的微信公众号"公共卫生与预防医学"通过日常推送传播健康知识，建立社区交流平台，同时承接数据调研和市场调研服务。微信公众号日均阅读人数为 17875 人，日均阅读次数为 15292 次，日均转发人数为 975 人，日均转发次数为 1532 次，总阅读量破 1000 万。截至 2019 年，"公卫 e 家"微信公众号平台关注用户人数已超过 16 万，历史总阅读量超过 1900 万，在全国 48. 5 万个健康类公众号中脱颖而出，排名第 35 位。

## 三、建设经验及问题思考

### （一）经验做法

#### 1. 使思想政治教育更加协同化发展

在学校整体设计下，整合学院现有品牌，深入挖掘潜在资源，协同育人内容、育人资源、育人力量、育人过程，将思想政治工作融入人才培养的各个环节，构筑与学生特点相适应的"三全育人"模式。建立学院领导亲自抓、学工部门主要承担、各有关单位和专职教师相互配合、社会单位合作共建、学生踊跃参与的运行机制，形成多维联动、齐抓共管、协同育人的良好局面。

#### 2. 以品牌化项目带动思政教育效果提升

依托试点学院建设，将我院已开展的工作不断总结提升，形成品牌，将思想政治教育通过活动的形式与学生相连接，既有针对性，又有吸引力，形成良好的师生互动模式，并逐步形成"项目—品牌—模式"的发展

体系，实现由单纯的思政教育项目向多维的人才培养体系转变。

**3. 进一步探索“双院制”下的育人工作模式**

本次改革，要联合书院资源，打破两校区空间上的壁垒，非常具有挑战性，也是最大的难点。因此必须在实践育人工作上找到共通点，并以此建立一个长期有效的工作机制，才能保证思政教育的连续性、人才培养的体系化。

### （二）形成的思政教育精品项目

**1. 班团评优大赛**

班团评优大赛是学院结合学校“优良学风养成月”活动而开展的、以班级为单位的大型评优活动，拟在鼓励公卫学子养成脚踏实地、积极上进的优良品德，让“优秀”成为公卫学子们的习惯，让优良学风常伴公共卫生学院。在已举办的首届比赛中，12 个参赛班级通过视频简介、PPT 展示和评委答辩三个环节，讲述了班级刻骨铭心的故事、展示了各自引以为豪的成绩、描绘了一幅幅关于班级未来的蓝图，体现了公卫学子勤学、乐学、好学的优质特点。班团评优大赛对推进学院班团一体化、激发同学们的班级荣誉感大有裨益，对班级团支部形象的塑造起到推进和指导作用。

**2. 时政分析挑战赛**

高校思想政治教育伴随中国特色社会主义进入新时代而迈入新征程，学院因事而化、因时而进、因势而新，开展时政分析挑战赛、主题教育观影活动、思政第一课等一系列学生喜闻乐见的思政教育活动，切实肩负起新时代赋予的新使命。时政分析挑战赛是学院开展思想政治教育在内容与形式上的创新，目的是以赛促学、以奖激学。挑战赛至今已举办两届，学院同学 3 人一组自行组队，通过初赛的激烈角逐，最终 10 支队伍脱颖而出、进入决赛；决赛上，参赛队伍根据命题老师所给出的题目进行精彩答辩，刺激的抢答环节又上演了一场脑力与知识的较量，通过选手与评委的辩论，每一个时政热点话题都被具体地呈现出来。挑战赛既深化了公卫学子对近年党的十九大、全国“两会”和五四精神等时政热点的理解和把握，又强化了当代青年学生的责任与担当意识。

**3. “123”科研培优育人计划**

“123”科研培优育人计划围绕提高学生科研创新能力这一核心内容展开，坚持将科研能力培养贯穿于学生整个大学学习过程，分基础阶段和提升阶段两步走，针对不同年级学生的学习和生活情况，为学生搭建能力提升平台、经验分享平台和实践竞赛平台。积极发动学院青年教师力量，全员、全过程、全方位地对在校生科研创新能力进行培养，构建新型育人模式。学院通过"123"科研计划启动仪式、兼职辅导员聘任大会等形式提高学生科研工作的政治站位，充分调动学院专任教师们的工作积极性。截至目前，各班级兼职辅导员已在两个校区开展多场以本科期间如何做好科研准备、大学生科研职业生涯规划等为主题的讲座和同餐会。同时，通过科研平台搭建和师生沟通的渠道，学院已申报"挑战杯"、攀登计划和大学生创新创业训练计划等竞赛的多个项目。

**4."守门人"心理危机突发事件预警体系**

依托学院心理学系的专业支持，建立"守门人"心理危机突发事件预警机制，以二级心理辅导站为重要抓手，以"早发现""早预警"作为首要目标，建立健全心理危机预防和快速反应机制。通过学校、院系、班级、宿舍"四级"预警防控体系及心理危机干预工作预案，最大限度预防和减少严重心理危机个案的发生。针对心理委员和班委等作为广大学生日常心理活动的"守门人"，建立专项培训体系，实行月报制度，实时跟踪了解，预防心理危机事件的发生。发现存有心理、精神问题的学生，协助辅导员及时与家长取得联系，做好沟通，完善记录，保留处理工作的第一手材料。开展心理测评活动，每年开展大学生心理健康筛查。简化心理危机转介诊疗机制，畅通从学校心理健康中心和咨询机构到校医院、精神卫生专业机构的心理危机转介绿色通道，及时转介疑似患有严重心理或精神疾病的学生到精神卫生专业机构接受诊断和治疗。通过问卷调查等手段明确大学生心理健康普遍存在的问题，积极实施相关的干预和解决方案。通过不断实践"守门人"特色的心理危机预警体系，在实践中不断调整和完善该预警体系，最终形成适应学院学生、可第一时间发现心理危机的预警机制。

### （三）问题思考

**1. 全员参与的育人工作体系构建，必须由上至下全员重视**

要提高育人水平，提升学生对学校的认可度，需要全校各部门联合参与，尤其是落实全员育人岗位责任制，真正从十大育人的方方面面开展教育、服务、引导工作。要建立一套行之有效的工作体系和运行机制，使全员明确责任义务、主动参与、主动作为，提高全体教职员工参与学校人才培养的积极性和育人服务意识。

**2. 全方位参与的育人工作体系构建，必须做好与专业相结合**

医学生基本是理科生，有少部分学生在大学课程选择上存在重专业而轻人文的现象。因此，在开展育人工作时需要有意识加强思想政治方面的教育和引导，注重以生为本，结合医学生课程专业特点和就业趋势，有针对性地加强道德、人文素质培养，构建符合社会需求的“德智体美劳”全面培养的教育体系，以开展学生喜闻乐见的活动为载体，将育人工作做实做细、做到学生身边去。

**3. 全程参与的育人工作体系建设，必须深入了解学生诉求**

学生工作不能浮于表面，不能基于想象，必须脚踏实地地开展调研，了解学生在不同阶段的所思、所想、所需，以问题为导向，以培养高素质的创新应用型医学人才为目标，面向不同年级、不同层次的学生，有针对性地开展教育引导工作。在育人过程中从“分”转向“合”。育人工作具有整体性，要从“条块分割”转向“协同配合”，将育人工作贯穿于学生从入学到毕业的各阶段，覆盖到全校各班级，融入学生学习和生活的各个方面。

## 四、持续改革的思路

### （一）深化党建工作，发挥组织育人作用

设立“先锋行动”学生党员成长熔炼计划，以建立一支思想坚定、政治可靠、素质全面、能力突出的学生党员队伍为目标，以“尚德修身，知行合一”为主题，以理论学习、创新实践、志愿服务等活动为主导，以促进学生党员成长熔炼、提升活力为目的，突出优秀学生党员的先锋模范作用和活力支部建设，最终达到党员个人综合素质及组织归属感的提升。

### （二）继续优化多维立体课程思政教育教学体系

抓好教师这一关键主体，组建课程思政教学共建团队，形成课程思政专门化结对制度和常态化运行机制。创新课程这一重要载体，秉承“课程承载思政”和“思政寓于课程”的理念，优化课程设置，以课程规划制定促进思政体系建设，注重促进课堂内外联动，建立校外实践教学基地，将课程教学与专业实践、社会实践相结合，提升课程思政教育的引领力，形成课程整体育人的联动效应。

### （三）进一步探索"双院制"育人工作模式

充分发挥书院与学院双院制的优势，将书院的通识教育与学院的专业教育紧密结合起来，进一步完善书院制学生组织形式、管理模式、育人机制，联动学校管理部门、服务单位、二级学院贯彻落实相关文件精神，建立健全书院、学院协同育人长效机制，确保学生培育的连贯性和系统性。

### （四）设计一个全面立体的第二课堂课程体系

发挥双院制协同育人机制，分阶段、分校区构建第二课堂课程体系。针对顺德校区低年级学生，依托书院学术工作室及导师制开展以通识教育为主的特色第二课堂教育课程。公卫学院所在的德风书院经过四年的实践和探索，基本形成以特色工作室为抓手、以精品课程建设为核心、以通识教育品牌活动为补充的教育工作思路。书院继续深挖学业导师资源、组织精品课程建设，在课程设置、课时安排、学生组织上做精做细，进一步满足学生的多样化需求。针对校本部高年级学生，依托学院教育资源，开展以科研、社会实践为主的第二课堂教育活动，培养学生开拓创新的进取意识、严谨求实的科研作风，把思想政治教育融入社会实践、实习实训，努力实现多方位合力育人，全面提升学生综合素质。

### （五）加强大学生创新创业能力培养

依托现有的"123"科研育人计划，形成以科技创新为导向、以学生培养质量为核心、以竞赛引领学生成长的育人体系，下一步计划扩充学院导师资源库，加强实验室建设，挑选优秀学生组建创新团队和科研兴趣小组，储备科创项目，提升我院大学生创新创业能力。

### （六）进一步提升精品项目的育人效果

继续创新工作方式方法，以精品项目建设为抓手，紧紧围绕学生成长成才，遵循思政工作规律、教书育人规律、学生成长规律，在现有培育项目基础上，进一步凝练经验，查找不足和盲点，进一步提升文化育人、资助育人、心理育人、实践育人的效果。

# 第三节 第一临床医学院“三全育人”改革实践

第一临床医学院始终坚持以习近平新时代中国特色社会主义思想为引领，围绕立德树人根本任务，努力推进“三全育人”综合改革，完善“十大育人”体系，打造具有第一临床医学院特色的“培养有使命担当的高素质医学人才”的育人模式，将思政工作贯穿于学生成长全过程，从多维课程育人、规范组织育人、多元实践育人、品牌文化育人、科研育人先行、强化网络育人等方面开展工作，着力帮助学生解决实际问题，促进学生全面发展，取得明显工作成效。

## 一、“十大育人”体系建设

### （一）课程育人多维化

#### 1. “三课一会”讲特色

开展特色思政课，重点讲好“三课一会”，增强学生服务国家、服务人民的社会责任感，为青年人扣好人生的“第一粒扣子”。新生入学时，邀请院领导讲授思政第一课；实习岗前培训举行“白大衣授予仪式”，上好实习前一课，增强学生职业荣誉感；毕业前通过“最后一次点名”上好毕业前一课；以及召开毕业生座谈会，强化学生对母校的认同感和自豪感。

#### 2. 课题研究重质量

学院教育课题和质量工程项目始终围绕一流专业建设、培养高素质医学人才铺开，深挖课程思政元素，申报课程思政示范项目 9 项，8 项获得校级立项，其中 2 项获得省级课程思政示范课堂，辅导员完成党建与思政课题结题 11 项。

#### 3. 思政队伍强责任

加强思政队伍建设，每年从机关处室及各科室选拔了 60 多名教职员担任兼职辅导员工作，共同守好一段渠，种好责任田。近年来，学院 1 名辅导员获广东省高校辅导员年度人员提名奖，1 人获广东高校学生工作先进个人，1 人获广东省第十届高校学生工作“红棉奖”，1 个项目获广东省学生事务管理精品项目。

### （二）组织育人规范化

#### 1. 目标管理抓落实

制定《第一临床医学院学生党支部目标责任管理方案（暂行）》（以下简称《方案》）。学生党总支按照《方案》要求，每半年对所属学生党支部进行“党建查房”，从政治建设、组织建设、意识形态工作、党支部作用发挥情况、党风廉政建设等6 个方面，对支部年度工作完成情况进行检查，督促学生党支部落实目标责任管理要求。按照《方案》要求，27 个学生党支部认真落实好支部建设各项制度，持续开展“不忘初心，牢记使命”主题教育，开展特色主题党日活动，每两周的周四为党员学习日，通过线上线下相结合的方式组织党员全方位、多层次地开展政治理论学习。

#### 2. “星火讲堂”成制度

建设“星火讲堂”党课团队项目，制定“学生党员讲党课”制度，由学生党员组轮流担任每月党课主讲，围绕《习近平谈治国理政》第三卷、党的十九届五中全会精神和习近平总书记系列讲话精神等内容展开学习，着力将党课打造成为学生党员喜闻乐见的教育形式和实践平台，每年开展“星火讲堂”20 多期，项目成功申报学校“筑梦引航”工程试点项目。

#### 3. 组织建设重标准

加强团学组织规范建设，制定了严格的参训成员选拔标准和结业考核。选拔青年骨干参加“青马工程”系统培训，形式包括理论授课、社会实践、团队建设、红色观影、学习成果展示会等，旨在培养有理想有担当的青年马克思主义者，加强对学生骨干的政治思想引领，提升骨干业务能力，拓宽医学生国际视野，加深对医生职业的理解。

### （三）实践育人多元化

#### 1. 建立多维实践教育模式

建立医学生实践教育模式，包括新生入学前社会实践、临床人文技能实践、科普宣传教育实践三个模块。在八年制全体新生中开展第五期入学

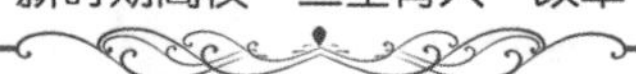

教育前置社会实践项目，项目围绕医学专业及相关社会问题展开，准大学生们通过实践活动展开入学前的第一次自我教育，为适应大学生活奠定基础。结合医学专业特点，组织学生到门诊部、健康管理科与急诊科开展技能实践活动，提升学生的实践能力；组织学生参加科普宣传系列活动，面向群众开展科普教育活动，促进实习生从“医学生”向“医生”的转变提升。

**2. 打造创新创业实践平台**

积极促进医教融合发展，组织各级教师申报大学生创新创业训练项目，打造创新创业实践教育平台，依托“挑战杯”系列竞赛和临床科研课题，完善赛教融合。仅 2020 年度，获大学生创新创业训练项目立项国家级 19 项、省级 39 项，获第十二届“挑战杯”奖项 5 项，其中省级金奖 2 项、银奖 1 项、铜奖 2 项，获国家级实用新型专利 3 项。

**3. 培育第二课堂实践团队**

学院始终将实践育人作为第二课堂的核心，培育了顺德“冯派普敬老院义工活动”、“海星大行动”八年制医学生长沙义工队、“南方医院硕博医疗队”等含金量高的育人载体，提升学生实践素养。如 2020 年学院组建本、硕、博医疗团队，举办了“守南医初心 援四方安康”大学生社会实践活动，前往连州市四方村展开公益义诊和爱心送药、健康知识和疫情防控宣讲、走访当地卫生站、上门诊治重病患者、慰问当地困难老党员等支医活动，得到当地媒体和群众的广泛好评。

### （四）文化育人品牌化

**1. 融合医院特色铸品牌**

坚持学生培养与医院文化特色相融合，创作的“医”系列微电影三部曲：《医路》《医缘》《医道》入选第一批“高校原创文化精品推广行动计划”，先后获得从国家级到校级的各类大奖。在医院“文化引领发展”的核心价值理念下，学院倡导学生勇于担当、敢于奉献的精神，致力打造了“南方博士论坛”、元旦同乐晚会、“团旗飘飘”文艺晚会、“翼林杯”体育节等具有第一临床医学院特色的学生文化品牌，促进学生成长为高素质医学人才。

**2. 坚持育人导向建品牌**

打造毕业纪念文化品牌，完善全程育人格局。学院连续多年为毕业生赠送了由学生自主设计、以校园景观为主要元素的年度专属纪念徽章；为毕业生创作了名为《希波克拉底的誓言》的纪念歌曲。歌曲创作由我院师生共同完成，已登陆各大音乐平台，并被学校推荐参加省内申报2021年度教育部"高校原创文化精品推广行动计划"项目评选。

**3. 响应抗疫号召创品牌**

2020年新冠疫情期间，学院返乡学生团员在医院"援鄂抗疫医疗队"的精神感召下，积极参与家乡抗疫活动。学生团总支在线组织了"战疫时刻"作品征集活动，鼓励团员学生以自己的方式为抗击疫情送祝福。团员们积极参与活动，充分体现了我院学生勇于担当、敢于奉献的精神。

### （五）科研育人先行化

**1. 科研训练理念先行**

学院积极促进科教融合发展，举办"科研训练营"活动，引导师生积极参与科技创新团队和科研创新训练。每学期邀请专家教授讲授"大学生如何开始科学研究""如何在挑战杯中培养自己早期的科学素养和科研能力""科研论文写作方法""自主学习与临床经验的重要性"等方面的课程，提升学生对科研的认识，激发他们参与、做好科研的积极性。

**2. 育人实践平台先行**

在"科研训练营"的推动下，学院深入挖掘内部资源，收集有意向参与学生科研训练活动的教师信息，搭建师生科研互动平台，推动学生"早研训，多科研"的训练。仅2020年，学院学生作为负责人的科研立项有46项，其中国家级8项、省部级17项、校级21项。

### （六）网络育人云端化

在创建"青年文明号"的基础上，学生处通过学生处微信公众号、QQ群等网络平台，将互联网的传播力、引领力与宣传思想工作的聚合力、影响力有机融合，创建了"教育云""管理云""服务云"。

**1. "教育云"广覆盖**

2020年新冠肺炎疫情期间，利用微信服务号及时推送疫情防控相关知识；利用云端会议平台，举行云点名会，召开云骨干会、云党员大会。做好多层次学生的疫情防控教育、自主学习动员、自我管理教育，使得疫情期间思想教育工作不断线。毕业季，通过云毕业照、云寄语、云毕业晚会系列活动，做好毕业生离校教育、感恩教育。

**2. "管理云"少盲区**

疫情期间展开"云查寝"，实时掌握留校学生情况；利用微信平台，

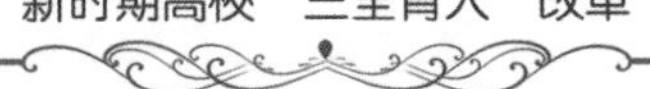

建立不同类别的管理群，减少日常管理真空地带，建立请假在外学生管理群，实行学生情况日报告制度、返校后在群内销假，确保及时掌握学生动态。

**3. “服务云”多角度**

新生入学前，做好新生入学在线指南，展开云游校园活动，让新生入学更顺畅快捷。毕业季，通过微信推送做好各项毕业就业服务，如发布信息、开展线上调研、开放生涯咨询预约以及推送就业相关办事流程。在心理教育服务方面，学院心理二级辅导站开展线上心理健康测评，及时筛选心理重难点人员，并对其进行关注及干预，推送了系列心理健康教育文章，提高学生对心理问题的认知和自我保健能力。

## 二、持续改革的思路

### （一）压紧压实意识形态工作责任

充分发挥党支部在意识形态工作方面领导地位，加强意识形态工作队伍建设，提高意识形态工作敏感性，充分发挥互联网等新兴媒体的作用，利用学生处及各团学组织微信公众号、QQ 群等即时互动平台，构建高效、互动、个性化的思想政治工作网络体系，将学生关注的时政热点问题与课堂知识紧密结合，对现实热点问题与网络热点问题进行积极的引导。

### （二）加强学生心理健康教育队伍建设

利用医院精神心理科的资源，鼓励有能力、有意愿的临床医生参与学院二级辅导站工作，加强与精神心理科的联动机制，及时掌握我院心理问题学生的动态；加强对学生心理委员的培训，提升其工作能力，做实做细每月重难点学生筛查工作。

### （三）强化综合素质测评体系育人导向功能

优化国家奖学金、学业奖学金及国家励志奖学金的评选细则，完善学生综合素质评价体系，强化客观评价指标，聚焦学生德智体美劳素质提升，促进学生全方位发展。

### （四）拓展第二课堂实践教育资源

继续拓展实践育人资源，整合校内外实践教育资源，丰富学生志愿服务实践活动。与法泽公益共建，在大源街道开展志愿服务，重点开展医源小学堂、硕博医疗队义诊、心理辅导、专家教授进社区宣教等活动。

# 第四节 第二临床医学院“三全育人”改革实践

第二临床医学院坚持人人是育人工作者、处处是育人工作阵地、事事是育人工作内容的理念，持续推进“三全育人”综合改革，不断完善由学院党委统一领导、部门分工负责、全员协同参与的育人工作责任体系，丰富一体化的育人体系，打造特色育人工作品牌，形成学校教育与自我教育、社会教育、家庭教育相结合的协同育人格局，提升育人工作质量和成效。

## 一、“十大育人”体系建设

### （一）深入贯彻课程育人理念，加强教学督导

认真贯彻落实《南方医科大学推进课程思政实施方案》的要求，把思想政治教育元素作为课堂讲授的重要内容纳入课堂教学，打造精品课程，学院申报的“临床医学院专业课程思政教育教学改革路径探索”被立项为广东省教育教学改革项目；落实书记、院长新学期主讲第一堂思政课，为学生成长成才指引方向。2020 年新冠疫情期间，来自援鄂抗疫一线的教学团队成员，设计了系列课程，将疫情变成鲜活教材，将抗疫故事转换成思政元素，向同学们传授专业知识的同时，也传递着临床教师的责任与担当。该活动被《人民日报》《南方日报》《广州日报》等多家媒体刊登报道。

### （二）建立科研育人导向机制，构建学术诚信体系

把思想政治表现作为组建科研团队的底线要求，构建集教育、预防、监督、惩治于一体的学术诚信体系，制定相应规范；加强师生学术规范培训与学术道德教育，定期开设专题讲座，营造认真严谨的学术诚信氛围。

### （三）建设稳定社会实践基地，完善实践育人体系

建立一批稳定的社会实践基地，规范现有社会实践基地的建设和管

理；发挥专业特色，加强社会实践项目精品化建设；加强学生创新能力培养，充分利用“挑战杯”“创青春”、大学生创新创业项目等平台，推动大学生创新创业教育。2020 年度累计申请大学生创新创业项目 51 项，其中申请国家级项目 10 项、省级项目 19 项、校级项目 22 项。此外，由临床技能中心指导的“全民来急救——提升全民援救力的院前急救互联平台”项目参加了 2020 年第六届中国国际“互联网 +”大学生创新创业大赛，目前此项目已进入校赛，力争以优异成绩冲击省赛。

### （四）挖掘育人要素，发挥文化育人作用

精心策划中华优秀传统文化教育、社会主义核心价值观主题教育、革命文化教育活动，打造校园文化品牌；深入挖掘优秀教师的教书育人和立德树人事迹并广泛宣传推广；树立先进典型，开展院内十佳大学生、先进班集体等优秀学子评选宣传活动；举办珠江名师讲坛、珠江青年讲坛、卓越医师论坛、珠医博雅苑人文教育系列品牌活动，营造良好文化育人氛围。

### （五）建设线上线下思政教育阵地，加强网络素养教育

积极落实学校“易班”建设要求，完善易班工作站的建设；通过校园网、院网及微信公众号等平台的宣传与互动，拓展学生工作渠道，加强教育的主动性和主导性；按要求加强院内新媒体账号、QQ 群、微信群等管理，深入开展网络安全教育，引导师生增强网络安全意识，遵守网络行为规范。制定互联网群组信息服务管理规定，组织召开互联网群组负责人座谈会，严格落实互联网群组信息相关管理规定。

### （六）着力建设优秀二级心理辅导站，加强学生心理健康教育

加强学院二级心理辅导站“诚明舍”的建设，定期对学院学生开展心理讲座；依托医院优势，为有需要的学生提供心理咨询与问诊；加强班级骨干、宿舍长培训，加强其心理危机识别能力；加强教师课堂管控能力，发现有旷课严重、表现异常的学生及时与辅导员沟通。完善院、班、宿舍三级防御机制，加强突发事件处理能力。

### （七）加强队伍管理，发挥管理育人作用

明确岗位育人职责，加强教师队伍管理，注重思想政治素质考核，发

现违反师德和学术不端行为严格查处。鼓励、支持辅导员走好专业化、职业化的发展道路，增加其与外校、外院交流的学习机会，帮助辅导员提高思想理论认识和业务水平，提高创新意识，争取采取新方法、新路子来开展工作。

### （八）做好后勤保障工作，发挥服务育人作用

完善相关管理规定，强化服务意识，提高后勤员工业务素质和服务育人能力；改善宿舍生活设施，加强宿舍安全管理，营造良好的生活环境。院保卫处组织保安队员每月开展一次集中学习培训，邀请保安服务公司培训中心的老师上门授课，主要从个人形象、服务礼节、服务态度等方面进行教育培训，不断提高保安人员的服务意识。同时，多次组织院内学生参加消防培训，提高学生安全防范意识。

### （九）加强感恩教育，发挥资助育人作用

认真做好资助工作，明确规定各项工作程序，努力做到公平、公正、公开，注重个人隐私，注重了解学生的生活习惯与社会关系，确保工作的准确、细致、到位；设置勤工助学岗位，培养学生自助助人意识；加强感恩教育，鼓励学生团结奋斗、努力学习、回报社会。按要求完成各类奖助学金评定工作，为参加助学贷款的毕业生制作了如何还款须知，并下发到不同年级专业的毕业班，做好毕业生提前还款工作。

### （十）加强党团建设，发挥组织育人作用

把“三全育人”工作作为考核内容，落实党支部书记抓基层党建述职评议考核制度；深入实施医院党支部“双带头人”培育工程；加强“三型党支部”建设；加强工会、共青团、学生会等群团组织的组织动员、引领学生的载体建设，形成组织育人合力。

## 二、取得的成效

推进“三全育人”改革以来，学院从制定实施改革总体方案，到各项改革任务落地落实，教师德育能力不断提高，学生的理想信念更加坚定，“三全育人”良好氛围初步形成。

## （一）形成课程思政精品项目

将推进实施课程思政工作列入学院年度重点工作，统筹各部门整体推进落实课程思政各项改革措施，确保课程思政全覆盖，形成思政课程与专业课程"同向同行、协同育人"，促进学生全面发展、成长成才。自 2019 学年秋季学期起，学院改革教学督导工作方式，实行教学督导听课评课全覆盖，将课程思政纳入督导评课指标体系，以评促建，以评促改。同时，将课程思政元素纳入教师授课比赛、临床技能大赛以及微课竞赛等赛事评分体系，引导专业课教师提高对课程思政的认识，鼓励临床教师发挥课程育人主渠道，育人育心，实现课程育人。例如，学院先后邀请学校马克思主义学院教授和校级教学督导专家为学院教师做"关于课程思政的几个问题"和"让医学专业课堂思政飘香"主题讲座，让教师们掌握在专业课教学中渗透思政与医学人文教育的方式方法；积极组织教师参加"国家行政教育学院思政培训班""高校课程思政教学改革的实施策略、优秀案例与深化路径"研修班及"医药院校课程思政改革研讨会"等课程思政专项培训；推动示范课程建设，创新课程思政实施方式，结合本次新冠肺炎疫情，我院"内科学"教学团队，特别是来自援鄂抗疫一线的教学团队成员，设计了系列课程，将疫情变成鲜活教材，将抗疫故事转换成思政元素，向同学们传授专业知识的同时，也传递着临床教师的责任与担当；学院教务处申报的"临床医学院专业课程思政教育教学改革路径探索"被立项为广东省教育教学改革项目，"耳鼻咽喉头颈外科学""外科学""循环系统"和"血液与肿瘤"4 门课程被立项为校级教育教学改革项目；学院 2020 年春季学期启动了课程思政教学案例库建设方案，鼓励临床教师将思政元素与专业知识融合，并评出了 43 份优秀案例。

## （二）建设"三型四融合"品牌党支部，打造卓越班党支部

临床医学（卓越创新班）是学校的优势临床专业，是全国首批"卓越医生教育培养计划"的改革试点专业，着力于培养高层次、国际化的医学拔尖创新人才，是未来医院尖端人才的储备库和运输站。临床医学（卓越创新班）采用小班教学模式，年级人数为 30 ～ 40 人，年级内党员人数少，低年级党员人数更少，因而把党支部建在专业上，纵跨 5 个年级，设立卓越班党支部。兼容不同年级的设置不仅有利于有效地整合学科资源，调动各个年级的积极性，而且有利于党建活动的开展，凝聚专业合力，通

过高年级带低年级，总结先进经验，传承优良基因。卓越班党支部建设围绕学生需求，以品牌创建为目标，以“三型”党支部建设为主线，以四个融合为依托，加强学风建设，促进支部建设与学科建设相融合；立足于学生需要，加强支部建设与科研团队相融合；抓牢党团这个第一阵地，组织开展形式丰富、学生乐于参加的活动；加强品牌项目的打造，勇于创新、积极实践、多元结合、形成合力，全方位创建党建工作品牌。

### （三）多种形式打造“三下乡”社会实践活动品牌

根据《广东省大学生志愿者暑期文化科技卫生“三下乡”社会实践活动》和《“健康扶贫青春行”全国大学生暑期社会实践专项活动》的通知，结合校团委要求，团委积极组织团队申报，我院 MAD 服务队、仁爱援社会实践团队、“糖小护”青年志愿服务队、“医鸣警人”社会实践团队 4 支团队的项目获得立项。其中，内分泌代谢科“糖小护”青年志愿服务队和“医鸣警人”社会实践团队获评校级重点团队，“糖小护”青年志愿服务队项目“广东省粤东西北基层糖尿病防治现况调查”获得团中央“健康扶贫青春行”全国大学生暑期社会实践专项活动立项，指导老师陈容平荣获 2019 年全国大中专学生志愿者暑期“三下乡”社会实践活动优秀个人称号。2019 年，我院以贺跃箭副书记为团长的暑期社会实践队在乌鲁木齐市和喀什地区开展一系列主题活动：走进家庭，以家访形式融入新疆学子家庭生活，聆听他们故事，为他们排忧解难；走进社区，参加升国旗和演讲，培养学生爱国主义情操和集体主义精神，带领医学生用自己所学知识反哺社区，为群众带来科普知识和健康；走进医院，慰问喀地医院援疆医生和倾听感人援疆故事，为学生树立榜样；回访和关心我校返疆毕业生工作生活情况，鼓励他们继续为建设健康新疆而奋斗；走进学校，带领学生返回高中母校，讲解民族生招生政策和介绍我校校园风光；前往新疆医科大学交流访问，与当地领导、老师相互交流新疆学生管理工作，更加深入了解民族学生所思、所想、所求。本次社会实践活动形式多样、内容丰富，得到当地医院、学校、社区等地方的重视和支持，通过校内宣传和校外媒体报道，引起广泛影响，增进各民族间感情交流、认同、团结，取得了良好的效果和社会反响。该项目被评为广东省 2019 年“携手奔小康　共筑中国梦”大学生（党员）暑期社会实践活动优秀项目。

# 第三章 “筑梦引航”工程项目建设

“筑梦引航”工程是我校在新时期探索大学生思想政治教育新路径的改革创新项目。项目坚持以“立德树人”为中心，将“中国梦”引入大学生思政教育领域，丰富与发展学生工作内涵的尝试与实践，体现了全员、全过程、全方位育人的思路。通过开展“理想领航”“榜样导航”“实践助航”“爱心护航”4个项目，以理想信念引导学生，以榜样典型激励学生，以社会实践提升学生，以解决问题的方法爱护学生，帮助他们成长为有理想、有修养、有作为、有品质、有担当、有追求的南医学子。

## 一、以理想信念教育为核心，实施“理想领航”行动

### （一）充分发挥课堂教学在大学生思想政治教育中的主导作用

联系大学生的思想实际，把传授知识与思想教育结合起来，把系统教学与专题教育结合起来，把理论武装与实践育人结合起来，把微观和宏观相结合，既要重视行为教育、细节教育，又要注重发挥信仰、价值观、精神的引领作用，用宏观关照微观，开展主题教育活动；整合学校学生处、团委、就业指导中心、学生学习支持中心、各学院学生工作资源，开展理想信念教育、文明修身教育、社会理想教育三大主题教育活动。

### （二）传承中华传统文化，增强民族文化自信，启动“品读经典”项目，开展马克思主义经典著作党员研习活动

一是启动“品读经典”项目。通过开设阅读课等方式，采取必修学分与课外学习相结合、阅读与实践相结合的模式，开展品读传统文化经典活动，营造阅读经典、研习人文精粹的良好氛围。二是开展马克思主义经典著作党员研习活动。开展由马克思主义学院教授指导、研究生辅导，学生

党员为主体的马列经典研习活动。通过专家荐书、讲授，研究生一对一辅导反馈，深入老区、乡镇、街道调研实践，小组集体讨论、讲评等形式，切实帮助学生党员淬炼思想、修炼品行。

## 二、创建良好育人环境，实施“榜样导航”行动

### （一）树立一批先进典型，培养一批卓越新青年

一是深入挖掘、大力表彰和宣扬在学习、科研、创新创业、公益事业、校园文化等方面取得优异成绩的团队和个人典型。以分享会、颁奖典礼为切入点，以视频、微博等新媒介为载体，记录不同类型模范的日常学习、工作、生活情境和个人感悟。组织“南医典型”优秀学生进行经验交流与分享，营造广大学生自发学习榜样的浓厚氛围。二是定期开展学生骨干训练营，设置素质拓展、专题讲座、义务劳动、学生工作热点专题研究四个版块，加强实践教育、自我教育、同伴教育，培养和造就一支德才兼备、与时俱进、求实创新的学生骨干队伍。

### （二）培育提升学生综合素质的特色项目

结合辅导员工作精品项目建设及团委“一院一品”活动，打造一批具有典型性、示范性、可推广性的教育活动精品项目；设立培育基金，鼓励各学院、各级学生组织和班级策划活动，提交标书或认证，申报提升学生综合素质的特色项目和品牌活动。

## 三、探索实践育人的长效机制，实施“实践助航”行动

### （一）优化培养方案，做好顶层设计

以加强大学生思想政治教育和培育践行社会主义核心价值观为主线，以服务大学生成长为目标，以实践教育服务为重要措施，开设实践创新教育课程，将实践育人纳入学校教学计划，落实规定的学时学分，加强学生的实践能力和创新能力训练。

### （二）搭建实践平台，建设育人基地

以实践育人平台的搭建为重点，重点加强校外社会实践基地建设，着重建设农村、社区、场馆等学生志愿服务基地。通过基地建设，进一步拓展学生实践和创新的空间与环境。

### （三）创新载体形式，打造志愿活动品牌

以"博士医疗队"为主体，打造一批具有医疗特色，重点涵盖医疗服务、卫生保健等方面的志愿服务队；要求学生在校期间至少开展40小时志愿服务和社会调研，并根据志愿服务和调研情况，撰写调研报告或思想汇报，成果计入公益志愿者服务学时；定期开展相关培训课程，对在校学生志愿者进行科学系统的专业化培训，举办大学生志愿者骨干素质拓展活动以及开展大学生志愿者骨干培训班，提高学生志愿者服务水平。

## 四、努力解决学生的实际问题，实施"爱心护航"行动

### （一）搭建家庭经济困难学生"扶志"与"扶智"平台

组织成立"校园自强社"，及时了解家庭经济困难学生情况，加强家庭经济困难学生的心理援助与精神资助，激励贫困学生自强不息；积极创造条件，强化对贫困生的技能培训，提升贫困学生竞争力；推进三个结对工程。实行领导干部与学生结对、教师与学生结对、高年级学生与低年级学生结对，为学生办好事、送温暖。

### （二）以大学生学习支持与发展中心为基础，进一步完善中心职能

我校不断丰富"爱心护航"行动的内容和形式，积极开展学业指导、诚信教育、就业指导等，为学生提供全方位、多层次、宽领域的支持。

### （三）丰富心理健康教育形式

完善心理健康教育和干预体系，推进二级心理辅导站的建设；加强辅导员的心理知识专业培训，组建朋辈心理辅导员队伍，开展朋辈心理教育

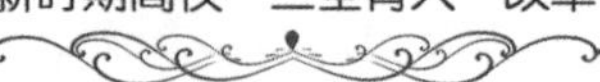

课程；开设心理交流工作坊，丰富心理健康教育的活动形式和内涵，打造“心理健康教育投资银行”等品牌活动。

## 五、项目特色

### （一）实现思想政治教育协同化

“筑梦引航”工程整合全校思想政治教育资源，建立学校党委书记牵头抓总、组织部门统筹协调、学工部门主要承担、各有关单位和学院相互配合、社会单位合作共建、学生踊跃参与的运行机制，有效避免高校内部多种教育元素分散割裂的问题，形成多维联动、齐抓共管、协同育人的良好局面。

### （二）形成思想政治教育项目化

“筑梦引航”工程主要依托项目开展，项目载体既有纵向周期、又有横向内涵，体制灵活、形式多元，将显性思政教育与隐性思政教育相结合，将思想政治教育理论课程与日常思想政治教育相结合，将年级分层引导与文化模块实施相结合，将理论学习与体验实践相结合，寓教于乐，吸引广大学生参与其中，并逐步形成“项目—品牌—模式”的发展模式，实现由单纯的思政教育项目向人才培养体系的转变。

### （三）推进思想政治教育长效化

学校建立了学生工作联席会议机制等相关制度以及配套文件，在保障“筑梦引航”工程顺利实施的同时，也为我校思想政治教育工作的开展提供了相应的方式、方法和示范，推动思想政治教育长效化，将之贯穿于学生培养全过程。现阶段，工程对我校书院内涵建设也发挥着重要作用。

## 第一节　理想领航

习近平总书记强调："我国广大青年要坚定理想信念，培育高尚品格，练就过硬本领，勇于创新创造，矢志艰苦奋斗，同亿万人民一道，在矢志奋斗中谱写新时代的青春之歌。"功崇惟志，业广惟勤。理想信念作为精神之"钙"，是青年奋斗在新时代的强大精神动力和崇高精神指引。

"志不立，天下无可成之事"，理想信念是人生发展的内在动力，也是支撑个人坚定信心的精神源泉。青年志存高远，心中有坚定的理想信念，脚下才有不歇的力量源泉，才能激发奋进潜力，让青春在新时代改革开放的广阔天地中绽放，让人生在实现中国梦的奋进追逐中展现出勇敢奔跑的英姿。新时代的大学生要做"有理想、有本领"的青年，高扬理想风帆，把对马克思主义的伟大信仰、对社会主义和共产主义的坚定信念作为精神支柱和毕生追求；要做"有担当、有作为"的青年，勇于担当、有所作为，让勤奋学习成为青春远航的动力，让增长本领成为青春搏击的能量；要做"有品质、有修养"的青年，努力成为社会主义核心价值观的先行者、引领者和推动者，追求更为广阔的人生境界。

理想领航作为"筑梦引航"工程四大模块的核心，着力于学生的思想价值引领，致力于帮助学生扣好"人生第一粒扣子"，培养学生成为有理想、有本领、有担当、有作为、有品质、有修养的新时代追梦人。本节共选取了五个学生思想政治特色项目，重点展示了学习习近平新时代中国特色社会主义思想、学生党建引领、仪式教育等方面的内容。

### 一、"青"听"习"语——习近平新时代中国特色社会主义思想主题教育

新时代需要培养德智体美劳全面发展的、能担当民族复兴大任的时代新人，这就要求我们要"因事而化、因时而进、因势而新"，深入贯彻落实习近平新时代中国特色社会主义思想、党的十九大精神和全国高校思想政治工作会议、全国教育大会精神，按照《中共中央国务院关于加强和改进新形势下高校思想政治工作的意见》《高校思想政治工作质量提升工程

实施纲要》及教育部《“三全育人”综合改革试点工作建设要求和管理办法（试行）》要求，提高学校思想政治教育工作的针对性、实效性、时代性和吸引力，真正让当代中国马克思主义——习近平新时代中国特色社会主义思想入耳、入脑、入心，筑牢新时代大学生的理想信念之基。

“青”听“习”语主题教育项目将学习贯彻习近平新时代中国特色社会主义思想作为主要内容，将加强学生的理想信念教育和思想价值引领作为培养目标，通过学思践悟，帮助青年大学生扣好理想信念的第一颗扣子，成长为德智体美劳全面发展的社会主义合格建设者和可靠接班人。

## （一）教育内容

理想信念是青年大学生人生的第一颗扣子，只有扣好了，才能在实现“中国梦”的伟大实践中，放飞青春梦想、实现人生价值。“青”听“习”语分为“习语进校园”“习语进网络”“习语进社区”三部分，通过课堂内外、线上线下、校内校外，引导帮助学生从习语的学习者成长为研究者、传播者和践行者，打通贯彻落实当代中国马克思主义——习近平新时代中国特色社会主义思想的“最后一公里”。

### 1. “习语”进校园

（1）开展“拥抱新时代 筑梦新征程”主题宣讲。学校组织优秀学工干部、辅导员、学生代表在全校范围内开展宣讲会，深入贯彻落实习近平新时代中国特色社会主义思想和党的十九大精神，加强理想信念教育。各学院组织辅导员通过班会课、分组交流、个别谈话等方式，结合学习、生活实际，帮助学生充分学习习近平新时代中国特色社会主义思想，解答学生的思想疑惑和认识困扰，引导学生拥抱新时代，投身于新时代中国特色社会主义伟大事业。

（2）成立习近平新时代中国特色社会主义思想学习小组。成立学生习近平新时代中国特色社会主义思想学习小组，开展当代中国马克思主义——习近平新时代中国特色社会主义思想的理论学习和研究研讨，形成品牌特色项目——“星火微党课”，培养青年学生自我教育、自我管理、自我服务的意识，将灌输教育转化为自主学习，将“要我学习”转变为“我要学习”，发挥学生的主观能动性。同时，发挥学习小组成员在青年学生中的朋辈先锋模范作用，通过观影、读书会等进行定期宣传，并将理论研究成果结集成册，引导更多学生自觉用习近平新时代中国特色社会主义思想武装头脑，坚定理想信念，担当时代使命。

（3）开展“放飞青春梦　建功新时代”主题征文比赛。鼓励学生联系思想、学习、工作、生活实际将“习语”融入笔触，抒写党的十八大以来身边发生的可喜变化和感人故事，阐发当代中国马克思主义——习近平新时代中国特色社会主义思想对自身成长的意义与影响，写好青年故事，发出青年好声音。学校将优秀的征文作品编辑出版，在全校广泛宣传学习，引导学生把个人理想融入国家发展、为实现中华民族伟大复兴的中国梦不懈努力。

（4）开展“追梦赤子心　扬帆新时代”主题演讲比赛。鼓励学生紧密联系个人思想、学习、生活实际，结合党史、当代中国马克思主义——习近平新时代中国特色社会主义思想，讲述个人成长及身边故事，引导他们表达将个人理想融入“中国梦”建设、为新时代建功立业的信念，讲好青年故事，发出时代强音。

**2. “习语”进网络**

（1）线上知识学习。实施“网络教育名师培育支持计划”“校园好网民培养选树计划”，建设一支政治强、业务精、作风硬的网络工作队伍。认真策划，合理利用易班、微信公众号、微博、QQ 等新媒体，宣传、解读《习近平谈治国理政》《习近平新时代中国特色社会主义思想三十讲》《平“语”近人——习近平总书记用典》《习近平的七年知青岁月》等内容，营造良好网络氛围；持续推进“学习强国”App 在学生群体中的使用，让当代中国马克思主义——习近平新时代中国特色社会主义思想常学常新。

（2）线上知识竞赛。在新媒体平台上开展“平语近人”“学‘习’进行时”等网络知识竞赛，用学生喜闻乐见的形式，以赛促学，提高理论学习的积极性，努力做到让学生将当代中国马克思主义——习近平新时代中国特色社会主义思想内化于心。

**3. “习语”进社区**

（1）校内宣传。以学院、书院为单位，深入学生社区，通过电子显示屏、宣传栏、展板、展架、海报、宣传册等载体，多形式、立体化开展专题宣传，使党的十九大精神、习近平新时代中国特色社会主义思想、习近平总书记对广东重要指示批示精神、习近平用典和金句在潜移默化中深入人心，营造浓厚的宣传氛围。

（2）校外实践。利用寒暑假及周末，组织学生到红色教育基地、革命圣地、偏远地区、生活社区等开展当代中国马克思主义——习近平新时代

中国特色社会主义思想宣传、寻访英烈及义诊、支教等实践活动，真正做到读万卷书、行万里路，在实践中深化理论学习，践行时代使命。学校定期举行分享会，发挥榜样力量，引导更多学子投身于其中，加强理想信念教育。

### （二）教育效果

#### 1. 推动理想信念教育多样化

较之于传统的以灌输式教育为主的理想信念教育，“青”听“习”语更加注重体验式教育，体制灵活、形式多元，将显性教育与思政教育相结合，将思想政治理论教育与日常思想政治教育相结合，将线下教育与线上教育相结合，将理论学习与体验实践相结合，将校内学习与校外学习相结合，寓教于乐，吸引广大学生参与其中。

#### 2. 形成理想信念教育项目化

“青”听“习”语主要依托项目开展，项目载体既有纵向周期、又有横向内涵，形成了各有关单位和学院相互配合、学生踊跃参与、社会单位配合协作的运行机制，形成“项目—品牌—模式”的发展模式。

#### 3. 推进理想信念教育长效化

“青”听“习”语是一个长期实施的项目，学校研究制定了配套文件，为该项工作的开展提供了相应的方式、方法和示范；针对项目中的特定板块，学校给予了经费支持与保障，推动了该项目的落地，推进理想信念教育长效化。

#### 4. 培养具有坚定理想信念的时代新人

“青”听“习”语结合学科特点和学生需求，依托课堂、日常教育及网络新媒体，创新理想信念教育体制机制，丰富理想信念教育内容，帮助学生认识到习近平新时代中国特色社会主义思想是马克思主义中国化最新成果，认识到要结合中国具体实际和时代特征来认识、学习、实践马克思主义，认识到当代青年学生身处中国特色社会主义新时代，新时代催生新思想、新思想引领新时代，新时代赋予新使命、新使命要求新作为，要努力成为具有坚定理想信念、具有担当精神的时代新人。

“青”听“习”语形式新颖、内容丰富，进一步提升学校思想政治教育工作的针对性、时效性和吸引力。学校将继续以此项目为依托，形成形式多样、内容丰富的多维度的理论研究，打造具有长效影响力的精品项目，并形成可借鉴、可推广的思想政治教育模式，进一步提高思政教育实效，提升学校思想政治教育的实效性和辐射面。

## 二、"三院合一"构建五维一体党建工作新模式

深入贯彻落实习近平新时代中国特色社会主义思想、党的十九大精神和全国高校思想政治工作会议、全国教育大会精神，按照《中共中央国务院关于加强和改进新形势下高校思想政治工作的意见》《高校思想政治工作质量提升工程实施纲要》及教育部《"三全育人"综合改革试点工作建设要求和管理办法（试行）》要求，不断提升学校思想政治教育工作的针对性、实效性、时代性和吸引力。党支部以建设学习型、服务型、创新型三型党支部为出发点，紧紧围绕上级党委的总体工作思路，深化思想政治教育工作内涵，加强党建工作力度。

### （一）要解决的问题

#### 1. 推进基层党建品牌化建设

习近平总书记提出了要全面加强从严治党，把基层党组织建设成宣传党的主张、贯彻党的决定、领导基层团结和动员群众、推动改革发展的坚强战斗堡垒。基层党建品牌化建设是推进党的建设的现实需要，是提升基层党组织工作水平的需要，也是高校培养综合性人才和强化思想政治教育的需要。三学院（第一临床医学院、公共卫生学院、外国语学院）联合开展的五维一体的党建工作模式是基层党建品牌化建设的实践形式。

#### 2. 推进三型党支部创建

建设学习型、服务型、创新型的三型党支部是党对于基层党支部建设的基本要求，以学习为基础、以服务为目的、以创新为动力打造的高校基层"三型"党支部建设应作为一个完整体系整体推动，确保支部焕发出最大的潜力。三学院联合开展的五维一体党员教育系列活动正是针对创建三型党支部而设计的。

#### 3. 推进学科交叉与大类融合

推进学科交叉与大类融合是南方医科大学贯彻落实国家"双一流"建设部署、深入实施高水平大学建设战略、加快推进内涵发展的重要举措。从学科建设到大学生思想政治教育，都围绕双一流学科建设目标与人才培养根本任务展开。三学院联合开展的五维一体的党建工作模式对于学校优化资源配置方式，形成学科交叉融合、资源成果共享、组织协调有序的发

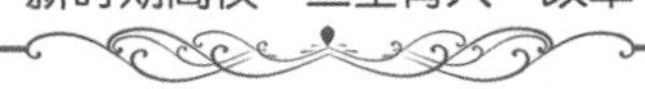

展具有重大意义。

### （二）教育目标

**1. 增强示范效应，推进党建工作品牌化实践研究**

创建基层党建品牌是推进基层党建创新，提升基层党建影响力的重要途径，也是基层党建创造特色、推广经验的基本做法。三学院不同专业各有特色，党支部书记和支部成员发挥各自专业优势和职业技能，发挥相互带动、相互促进的作用，打造党建工作品牌活动，在全校形成示范效应，并在此基础上推进党建工作品牌化建设的实践研究，力争在全校乃至全国高校推广。

**2. 增强联动效应，推进医科院校三型党支部建设**

三学院着力于探索医科院校基层学生党支部建设的新方法、新渠道，强化学习型、服务型、创新型党支部建设，充分发挥党支部的战斗堡垒作用。三学院联合开展党员教育系列活动，整合优势资源，借力发力，互联互通，加强学院与学院之间、党支部与党支部之间的交流融合，增强联动效应，推进医科院校三型党支部建设。

**3. 增强焦点效应，推进青年学生党性修养提升**

三学院联合开展的党员教育系列活动契合青年大学生发展的焦点和重点，青年学生处于世界观、人生观和价值观形成的重要阶段，在此阶段开展党员教育活动，增强焦点效应，引导学生党员树立正确的世界观、人生观和价值观，砥砺思想品格，坚定理想信念，提高思想觉悟，提升党性修养。

### （三）教育方法设计

**1. 三学院联合开展活动**

按照学科交叉和大类融合的原则，联合学校第一临床医学院、公共卫生学院和外国语学院三学院开展党员教育活动，三学院共 12 大专业的学生党员联合开展活动，增加学生知识的广度与深度，拓宽学生视野，使学生兼备人文素养与科学素养，把学生培养成“全面发展的人”。三学院联合开展活动，探索跨院合作，创新高校基层党建工作的新模式。

**2. 采用朋辈教育模式**

朋辈教育是指组织年龄相仿，具有相同或相近的生活经历、兴趣爱好的群体，一起分享知识、经验、观念、技能的教育形式。在三学院联合开展的系列活动中，部分活动如朋辈讲党课、时政分析挑战赛等，采用朋辈教育模式，拓宽党建工作队伍，通过学生党员之间的学习和交流，发挥学生自主性，自我总结、自我提高、自我加压，从而促进彼此共同进步。

**3. 发挥实践育人作用**

党和国家历来高度重视实践育人工作。坚持教育与生产劳动和社会实践相结合，是党的教育方针的重要内容。三学院联合开展的系列活动的重要组成部分为社会实践系列活动，内容包括到威权康复治疗中心、伍仲珮医院、广州市血液中心开展志愿服务活动等。通过系列实践活动丰富党员教育形式和内容，增强党员教育效果。

### （四）教育内容组织

基层学生党支部创新党建工作模式，按照学科交叉和大类融合的原则，联合第一临床医学院、公共卫生学院和外国语学院，多次开展党员教育活动。活动形式多样，活动内容丰富，总结概括为五维一体，即学系列、旅系列、赛系列、践系列、影系列。"'三院合一'构筑'多维一体'的实践育人新模式"获批"筑梦引航"工程精品项目立项。

**1. 学系列**

学系列是三学院党支部最主要的活动形式，包括党支部书记讲党课、朋辈学生讲党课、党员读书交流会。三学院党支部书记轮流讲授"筑梦十九大，南医学子正担当""顶天立地谈信仰""习近平总书记视察广东重要讲话精神"等专题党课。朋辈学生讲党课是支部特色活动之一，在三学院中挑选榜样学生党员向学生宣讲党课，就医患关系等与青年医学生息息相关的案例进行充分的讨论，旨在通过学生之间的学习和交流，发挥学生的自主性，自我总结、自我提高、自我加压，从而促进彼此共同进步。党员读书交流会上，三学院党支部成员就《南航徐川答问录——我为什么加入中国共产党》分享自己的读书感悟和体会，展开了激烈而深刻的讨论。

**2. 旅系列**

旅系列兼顾学习性、故事性和参与性，以学习中国革命史为目的，以旅游为手段，学习和旅游互为表里，营造出自我启发的教育氛围，达到"游中学、学中游"，寓教于游、润心无声的境界。三学院党支部结合党的十九大精神、全国"两会"、改革开放 40 周年，以"缅怀革命先驱，不忘初心跟党走"为主题，联合开展了党员历史文化教育，组织学生到孙中山纪念馆、虎门销烟旧址、黄埔军校、辛亥革命纪念馆、中共三大会址等

红色革命基地参观学习，在每次参观学习活动中，融入重温入党誓词和学习习近平总书记讲话讨论会。通过旅系列活动，深入发掘红色旅游中的历史人物故事，既反映领袖、英雄等“大人物”在历史中的重要作用，更通过“小人物”的故事，揭示人民群众创造历史的真谛，使历史鲜活和丰满起来。引导党员们加强对战争与和平、历史与信念的探索，更深层次地领悟一名共产党员为崇高理想而奋斗的价值和意义，从而肩负起新时代神圣而光荣的使命，艰苦奋斗，磨炼意志，勇往直前。

**3. 赛系列**

赛系列以赛带学、以学促用，包括时政分析挑战赛、党的十九大知识竞赛、“两会”黑板报比赛、改革开放40周年海报设计大赛等。以时政分析挑战赛为例，三学院的党支部成员三人一组自行组队，初赛为以党章、党史、历史文化等为内容的笔试，决赛以时政热点命题，综合性极强。比赛中选手在台上各出奇招，小品、情景剧、电台节目、辩论等形式夺人眼球，表演形式多样。观众互动环节设有党的十九大和“两会”的知识竞答、红歌竞猜、网络答题、网络投票。有声有色、富有活力的学习竞赛活动，持续吸引了党支部和广大学生的踊跃参与，激发了学生的兴趣和热情。同时，不断挖掘利用新媒体开展党员教育的巨大潜力，不断扩大党员教育的覆盖面和影响力，让党员教育更加吸引人、影响人、引导人、帮助人。

**4. 践系列**

践系列是党员教育的重要组成部分，是学生党员接触社会、了解国情、服务群众、增强社会责任感的重要途径。三学院中第一临床医学院社会实践资源丰富，实践基地多，联合开展的党员实践教育活动包括校内和校外两大类。校外活动包括组织支部成员到威权康复治疗中心、伍仲珮医院、广州市血液中心开展志愿服务活动。由于医科院校的专业特色，医务人员从事的是“健康所系，性命相托”的特殊职业，党员实践教育活动为医学生提供理论提升的平台和方式，提高医学生党员的职业素质，忠诚于医学，忠诚于医院，忠诚于患者，进而培养学生党员悬壶济世的家国情怀，增强他们的使命和担当意识。校内活动是每年新生入学时，三学院党支部在顺德校区联合开展迎新党员咨询服务活动，内容为专业咨询、入党政策、党章知识宣传、重要讲话精神宣讲及时事热点讨论，旨在号召支部成员“亮身份、做表率、当先锋”，彰显了三型党支部创建的重要性。

**5. 影系列**

影系列以直观、形象、生动的画面带给学生党员直击心灵的震撼。三学院联合开展的影系列活动包括组织支部成员到影院观看爱国电影和纪录片，包括《厉害了我的国》《战狼》《红海行动》《中国蓝盔》等，激发支部成员勿忘国耻、振兴中华的责任感和使命感。此外，组织支部全体成员观看在北京人民大会堂举行的庆祝改革开放40周年大会，回顾改革开放40周年的光辉历史。观影活动结束后组织学生开展观影征文写作与评选，进一步加深支部成员对电影主题的理解，进一步凝聚力量，提供更加坚强的精神动力。

"三院合一"构建五维一体党建工作新模式框架如下图所示。

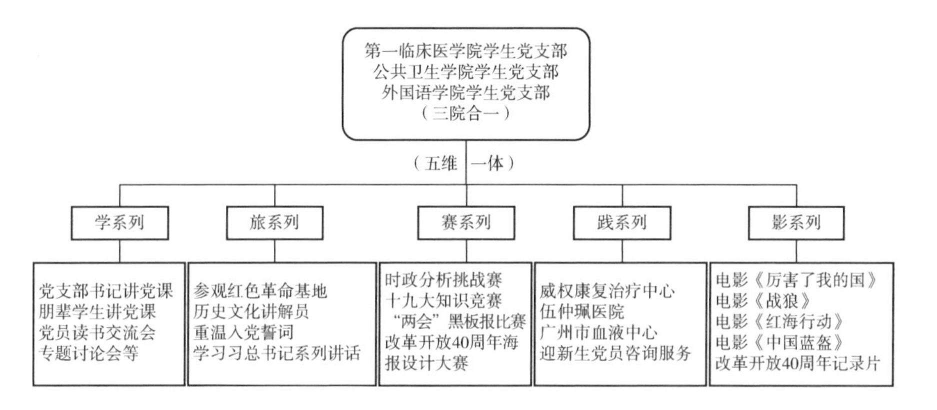


## （五）教育效果

### 1. 促进不同专业学科交叉融合，构建高校基层党建工作新模式

新时代党建工作的开展，不仅需要打破传统的学科分类界限、突破传统的专业培养制度的阻碍、营造多学科交叉融合的氛围，还要深入研究不同学科间的关联性和相互作用，找到多学科交叉融合的契合点、着力点和支撑点，更要从党建工作未来发展的角度，面对不确定性和动态变化的未来需要，形成多学科交叉融合的放大效应。三学院联合开展的学系列、旅系列、赛系列、践系列、影系列五维一体党员教育活动的工作模式契合不同专业学科交叉融合，构建了通识教育和专业教育有机融合的育人体系，创新高校基层党建工作新模式。

### 2. 凝聚高校育人队伍合力，发挥基层党组织育人保障功能

新时代背景下，党对加强和改进新形势下高校思想政治工作进行了科学研判和全面战略部署，构建了包括组织育人在内的高校"七个育人"一体化和"十大育人体系"质量提升工程，凸显了组织育人在高校思想政治

工作中的重要地位和重大价值。三学院党支部的教师党员在活动中发挥示范效应，成为“讲台上的旗帜，校园里的路标”。在系列活动开展的过程中融入朋辈教育模式，增加了学生表达自我的机会，为高校党建工作注入活力和生命力。三学院联合开展的学系列、旅系列、赛系列、践系列、影系列五维一体党员教育活动的工作模式对于发挥基层党组织育人保障功能具有极大的推动作用，实现了“党性教育、队伍合力、组织建设”的无缝对接。

**3. 培养创新复合型新人才，增强高校思想政治教育实效性**

全国高校思想政治工作会议把“为谁培养人”与“培养什么样的人”和“如何培养人”作为高校工作的根本问题，这是高校思想政治工作的理论创新。人才培养是高校的中心工作，培养创新复合型新人才要坚持把立德树人作为中心环节，把思想政治工作贯穿于教育教学的全过程，实现全程育人、全方位育人。采取三学院联合开展党员教育活动的合作模式，通过学院之间的共建联建，共同申报活动项目借力发力，达到互联、互补、互动的效果。在开展教育工作中运用朋辈教育模式，加强师生之间的互动，开发出新的师资力量，通过小团体的教学方法进行推广，朋辈学生亦师亦友，能够活跃学生思维，使学生具备良好的道德品行与创新精神，增强高校思想政治教育的实效性。

### （六）教育经验总结

三学院联合开展党员教育系列活动的党建工作在促进不同专业学科交叉融合、凝聚高校育人队伍合力、培养创新复合型新人才等方面取得一定成绩，项目也获批“筑梦引航”工程精品项目立项，但总结反思活动经验，仍存在诸多不足，有待在以后的党建工作中继续改进。

**1. 应进一步推动朋辈教育在党建工作中的应用**

高校基层党建工作作为思想政治教育工作的重要组成部分，应因事而化、因时而进、因势而新。学校要更新教育理念，转换话语体系，实现由政治话语体系、学术话语体系向课堂话语体系、大众话语体系的转变。面对“95 后”大学生，要在保证严肃性的前提下，做到教学方式的灵活多样。三学院联合开展活动为不同学院不同专业的学生提供了人际交往平台，促进朋辈群体的互融互进。在教育活动开展中推行朋辈教育模式，有助于推动学生群体间交流。学生同学生的交流，没有所谓的距离，彼此都是同龄人，在看待问题上也能找到一些共同点，有共同语言，在思想政治教育上相互感染、彼此倾诉，在朋辈榜样引领中互相促进、比学赶超，思想政治教育水平也会提升到新高度。三学院在联合开展党员教育的系列活动中虽然应用了朋辈教育，但力度仍有待提高，应进一步深化朋辈教育模式的应用，将朋辈教育资源合理而高效地运用在高校的党建工作中，为高校基层党建工作注入活力和生命力。

**2. 应进一步丰富五维一体的系列活动，拓展组织育人形式**

组织育人是指以高校党的组织为统领、以高校党的建设带动高校中其他组织的建设，发挥各级各类组织的育人功能并形成合力，强化政治思想和主流价值的引领工作，培养德智体美劳全面发展的社会主义建设者和接班人。高校基层党组织因其组织特性和组织优势，在高校育人体系中更容易将政治思想引领和主流价值引领落细、落小、落实。当前三学院联合开展的党员教育系列活动包括学系列、旅系列、赛系列、践系列、影系列，该模式虽然在不断丰富系列活动的内容和形式，但在组织育人方面的作用发挥不够理想，主要在于育人合力意识不够强、育人合力机制不完善。接下来该模式应进一步丰富、拓展基层党组织的组织育人形式，例如三学院可以联合开展结对帮扶活动，"结"得稳，帮得"活"，不断"线"，支部内党员不定期对结对宿舍和学生给予关怀和教育，让结对学生随时感受到高校基层党组织的育人作用。

## 三、"星火讲堂"——学生党员讲党课项目

青年兴则国家兴，青年强则国家强。第一临床医学院学生党总支部秉承"关注青年，关心青年，关爱青年"的理念，扎实做好青年学生思想引领，筑建青年党员全面发展的平台，为培养有理想、有本领、有担当的新时代青年而不懈努力。

党总支部于2017年年末开始着力组建"党员讲党课"团队，用心打造"星火讲堂"系列党课。"星火讲堂"取自于"星星之火可以燎原"。青年看似初出茅庐，经验不足，心智行为还须汲取营养，尚做不出巨大贡献；但有道是"后生可畏"，青年不同于其他人群，他们正处于快速学习、快速成熟的阶段，身体机能和思维活力达到顶峰，有敢想敢做、勇于创新的可贵精神，拥有着宽阔的提升空间和崇高的人生追求。青年如同星星之火一般，成长燎原之势不可阻挡。正如毛泽东同志在1957年对留苏学生的经典阐述："你们青年人朝气蓬勃，正在兴旺时期，好像早晨八、九点

钟的太阳。希望寄托在你们身上。世界是属于你们的。中国的前途是属于你们的。”项目据此取名“星火讲堂”，寓意每个党员、每个支部都是星星之火，通过党课讲堂，点亮灯塔，统一思想，引领方向，也充分体现青年党员在筹备讲授党课和交流学习的过程中，实现自我教育、自我学习、自我提高，有效培养良好仪态和树立党员形象，锻炼提高个人表达能力，不断自我成长，激扬思想火花，树立崇高理想。

“星火讲堂”开展对象为各支部的党员和入党积极分子，由支部书记和学生党员为主讲人，每月一课，轮流主讲。为确保党课质量，各支部积极讨论，提前制定课表，设置课程内容，参与备课和教案分析，进行试讲审核培训，对优秀党课进行观摩交流，做好充分课前准备。党课内容贴近学生实际需求，形式上多样化，空间上分室内、室外教学并开展讨论交流，时效上及时结合时事热点，力求将党课教育打造成党员青年喜闻乐见的政治学习形式和锻炼平台。

### （一）要解决的问题

要培养优秀的青年党员，就必须重视党员、积极分子的思想引领。这是开展党课学习的核心，也是我们需要解决的第一项问题：如何让党课更有质量，更具有时效性、实用性、针对性？如何培养学生党员讲师？如何提高学生党员讲师的授课水平？在进行了党课的学习后，如何更好地检验学员们的学习成果？如何深化党课学习对学生党员的教育意义？如何正确认识并处理学生党员讲师与党课学员的关系？针对以上问题，我们要调整教学模式，丰富党课形式，增加党课的吸引力和互动性。

### （二）教育目标

#### 1. 建立党课主讲团队

成立“星火讲堂”核心团队，其中包含第一临床医学院教师 5 人，各年级学生党支部骨干党员 4 人，负责党课课程规划、党课质量评定、外出交流计划制定和资料整理存档等工作。支部组建“党员讲党课”党员主讲小组，党支部全体党员参与，支部书记牵头把握党课方向和思路，组织开展教案分析、模拟试讲、观摩交流等环节。

#### 2. 完善党课监督、反馈和激励机制

核心团队负责监督、反馈和激励机制方案的拟定和执行，将党课纳入支部党员评价考核内容；设计调查问卷，了解广大党员、积极分子对党课

的理解和需求，以其反馈和建议作为努力方向，寻找切合当代党员青年实际、引发其兴趣和共鸣的党课形式；评选优质党课和主讲人，颁发证书和给予奖励，打造精品主讲和精品课程，组织其到各支部进行党课巡讲，交流学习经验。

**3. 提高党课时效性、实用性、针对性**

目前，高校基层党课存在内容不够新颖、形式过于老套等诸多问题。"不知道为什么上党课""觉得上党课浪费时间"等思想在学生群体中依然存在。其原因主要有：一是党课教学计划和课程设置缺少统一规划。每次党课的内容碎片化，主题不连贯，缺少了一种"上党课像追连续剧"的感觉，不便于学生党员形成对党的连贯性认识。二是党课教育没能与时代接轨。信息社会的飞速发展，复杂多元的思想潮流或隐或现地影响着当代大学生的思想信仰，使学生的生活与自身发展面临更多更艰难的选择，党课教育不能与学生生活实际、发展有机结合，就无法真正发挥党课教育的思想引领作用。三是党课教授内容与方式缺乏吸引力。主要表现为有些党课一直沿用多年前的 PPT、没有根据时代发展修改、缺少师生间互动等，极大地影响了党课的生动性。以上三点均为项目进行中亟待解决的难点、痛点问题，只有将之解决才能使党课学习落到实处，真正做到提升学生政治思想水平，培养对党的感情和理解，做好思想引领和人生航标的作用。

**4. 做好资料记录和典型推广**

对于每次的党课，安排专人进行资料的记录和照片的拍摄，以备党课结束后撰写特稿推送，便于评选优质党课。对于优质党课和讲师，注重组织"星火讲堂"党课巡讲、优秀党课讲师经验分享、党员表彰等。创建党建党务学习记录平台，上传优质党课资料和党课微视频，打造品牌公众平台，重在推广，树立当代大学生党员的良好形象。

### （三）教育方法设计

（1）以学生党员为授课主体，以朋辈交流为主要形式，培养提升党员综合能力，传递积极向上的正能量，潜移默化、润物无声地做好党员青年的政治思想教育。

（2）成立"星火讲堂"主讲团队，支部书记为主要负责人，带领开展党员讲党课。学生党员广泛讨论、选定主题、深入思考、撰写讲稿、制作课件、讲授党课，党课结束后支部书记和其余党员、积极分子进行点评、讲评。切实把党课当成理论宣讲、解读政策、引导思想的载体，针对重点、热点问题，进行分析原因、解决问题，达到让听众产生思想共鸣、引领思想的作用。党员讲党课的开展，不仅能调动授课党员的积极性，让其能借此机会对某个时事或理论深入探讨，提升其政治思想水平，还充分发挥了朋辈教育的模范带领和相互影响作用，培养授课党员个人综合能力和增强听课党员、积极分子对自身的思想要求。朋辈之间有相同或相似的人生阅历，自然鸿沟小，互动性高，思想共鸣强。党课由原来的“一人讲，大家听”变成“人人讲，大家议”，达到“听者有感悟，讲者有提高”的效果。

（3）开启“自主式”学习模式。改变以往传统的“灌输式”教育模式，把党课的影响力扩大到校园中甚至是校园外，并将“言传”与“身教”相结合。青年党员以身作则，树立标杆，在讲课中潜移默化影响广大青年，激发他们学习党课知识的积极性。同时，以此促使党员、入党积极分子必须自身先学习、先领会、先提高，开展党课教学活动，达到互相启发、教学相长的目的，从而调动学生自觉学习党的路线、方针、政策，形成政治理论学习常态化。

（4）构建新型党群关系。让青年党员成为讲师，其身份既是“老师”，又是同学朋辈。在课堂上，青年党员结合青年学生的特点，精心准备主题党课；在课堂外，青年党员之间互相学习，提出问题，交流体会，与群众打成一片，融入群众当中，打牢群众基础，从群众中来也到群众中去，更好地宣传党的政策内涵，统一思想，为决胜全面建成小康社会而努力。

（5）教学模式多样化。主要使用教室、参观场馆和多媒体软件（如PPT课件、视频、音频等），并创新结合多种新时代网络技术及线下授课的教学模式。其中，线下教学主要以多媒体软件授课。微电影、微视频等既可以作为线上教学的素材，又可以作为线下教学的资料。微党课等“互联网＋”的授课方法属于线上教学的范畴。传统的线下教育是基础和保障，新兴的线上教育则是创新、拓展和延伸。这将成为我们未来开展青年党员讲党课系列活动的发展方向。

### （四）教育活动过程

（1）学生党总支部拟定项目思路，制定授课工作计划，并逐步试点实施。

（2）第一临床医学院2013级临床医学和口腔医学党支部开展了一系

列由学生党员主讲的"我来讲党课"创新专题党课教学。其中，第一党小组主持的"建设美丽中国"专题党课，是"星火讲堂"由学生党员主讲的公开党课的典型范例。课前党小组成员积极讨论，收集相关资料，打磨授课课件和锻炼演讲能力，通过反复试讲的方式预演党课上课效果。授课当日，学生党员以12个环保小测试开篇引题，问题和答案的讲解生动形象、贴近生活；列举世界各地环境污染实例，讲述了自身家乡的环境污染问题，和在场听众互动交流对环境保护的理解。党员们跃跃欲试、积极发言，现场气氛活跃。在舞台剧环节，13位党员同志演绎了塞罕坝"黄沙漫天"到"绿色明珠"的奇迹。塞罕坝舞台剧包括七个部分，分别是1958年塞罕坝某村一家三口的午餐闲谈、1961年林业部领导勘察下的塞罕坝、1962年北京某高校"塞罕坝治沙"的号召、1962年塞罕坝某村某户投身塞罕坝土地治理的决定、1980年CCTV新闻联播中塞罕坝的恶劣灾害、2017年塞罕坝林场的种树行动、2018年塞罕坝林场务林人的平凡工作。

党课主持人现场连线由两位学生党员扮演的"中科院环境生态研究员陈环保"和"南方某大学环境学院漆生态教授"。他们讲述了环境对人类发展的重要性，强调绿水青山就是金山银山，中国在生态文明建设方面履行了自己大国的责任担当，取得了卓越成效。

党课小组还拍摄了题为《某大学生的一天》的情境小视频，视频从多个角度攫取校园中的不环保行为，呼吁同学们通过实际行动做环境保护的践行者和推动者，为建设美丽中国贡献自己的力量。

本次党课采取新颖且多样化的形式呈现，包括问题测试、舞台剧、电台主播、学生小视频等，打造了一堂"能听能看"的全新党课盛宴，集中展现了"建设美丽中国"的必要性与重大意义。他们通过舞台剧的方式展现了我国令人瞩目的生态治理成就，使"美丽中国"的概念深入人心，受到同学老师的高度肯定与赞扬。

而在同月，其他党小组围绕"决胜全面建成小康社会"的主题，展开了深入的学习探讨。在前期备课中，经过小组研讨，党员讲师们将这个主题分成"什么是全面建成小康社会""如期全面建成小康社会的重难点问题以及三大攻坚战"和"全民健康社会和健康中国战略"三个部分。每个部分由党小组内再行分为三个小组，相对应地负责收集各部分的资料并制作成PPT，并在课前进行试讲，反复调整授课方式。最终，将原本200多页的PPT浓缩成70余页的精华。党员们的倾心投入，引起同学们的浓

厚兴趣，获得到了师生一致肯定。

（3）积累了初始经验后，2016 级和 2017 级本科生党支部开展了主题为“顶天立地谈信仰”和“改革开放 40 周年”专题党课，“我为什么加入中国共产党”读书讨论式党课 1 次，孙中山故居、黄埔军校等实地参观现场讨论式党课 2 次。通过逐步摸索，党员讲党课日趋成熟，效果越来越好。结合发放的党员读本《我为什么加入中国共产党》，实地参观并学习《习近平谈治国理政》及系列讲话，开展讨论式党课，党员们事先阅读，撰写心得，讨论时各抒己见，深入交流。党员们发言热烈，氛围良好，老党员感受到青年党员爱国爱党的澎湃激情，青年党员折服于老党员稳重深沉的党性修养和坚定信念，从而增进了党员之间的了解，思想的碰撞也令党员大有收获。这是“星火讲堂”尝试主题党课与讨论式党课相结合的成果，斩获颇丰。

（4）巩固党课主讲团队，召开分析研讨会，总结经验与不足，制定明年的计划。目前“星火讲堂”项目作为创新党课模式，还处于摸索阶段，每期党课的备课由试点支部和各支部书记、党员完成，系统性和统筹不够。随着党员队伍的发展壮大，2019 年授课内容必须依据实际情况和党的思路方向制定新的主题，结合党员的思想实际开展党课学习，开辟党史讲堂、道德讲堂、法制大讲堂、党员读书沙龙等多样党课形式，突出时效性、针对性、实用性，提高党员学习参与度，推进党员素质全面发展。

### （四）教育效果

#### 1. “星火讲堂”的内容活泼及时，契合学生特点

如何让党课更具实效，让信息爆炸年代的新时代青年党员更愿意接受？这个是关键问题。让党课学习更具实效，必须紧密结合青年学生党员实际，而只有青年才最了解青年。党课教育需要紧跟社会形势，教育内容反映社会变革，理论紧密联系实际。认识来源于实践，我们需要在实践中检验真理和发展真理。我们不仅要宣传党的路线、方针、政策，进行党性、党纪和党的基本知识教育，还要深入贯彻学习党的十九大精神、习近平新时代中国特色社会主义思想和习近平总书记视察广东重要讲话精神，同时还须紧紧围绕新时代环保节能、科技强国、改革开放 40 周年等高频热词，密切结合当代青年的成才发展、创新创业、人生理想等主题，讲青年最感兴趣的内容，谈青年最想讨论的话题，鼓励党员、积极分子和广大青年学子关注时政，引发讨论，激发思考。

"星火讲堂"鼓励同学们紧跟时代步伐，关注天下大事，学习最新的时政新闻；同时，为了加深党课的学习效果，教学内容应涵盖以上相关内容，尤其注重新闻的时效性和及时性，以及学生关注的热点。

**2. "星火讲堂"的形式丰富多样化**

"星火讲堂"形式上不拘泥于PPT或讲稿授课的方式，通过观摩影片、主题情景剧表演、实地参观讨论、经典书目阅读讨论等途径，还可将"言传"与"身教"相结合，校园内帮扶活动与校园外社会实践相结合，变"灌输式"为"体验式""情景式"，在党课学习中培养优秀品质，坚定理想信念。对每次党课的教育内容，应做好影像资料记录，及时撰写新闻稿并发表，积极总结经验，选拔优秀党员宣讲团队，甄选精品党课主题，与其他党支部交流，共同提升讲课技巧和党课质量。先由两个支部进行试点尝试，在此基础上逐步推广，形成交流共享、共同进步，又各有特色、百花争艳的党课教学氛围。

**3. 育人实效显著，学生热情参与**

无论是主讲的学生党员还是听课的年轻学员，都有着极高的参与度。自课堂开讲以来，全体党员和积极分子参与党课学习，支部书记带头、学生党员全部参与授课，用心收集资料素材，旁征博引雕琢授课内容，多次试讲锻炼授课技巧，讲党课成为党员必备技能。

通过党员轮流讲党课，让每名党员带着任务学、带着感情讲，成为学习主角，与个人经历结合起来，达到"以学促讲、以讲助学"的目的，努力实现学生党员开口能讲、提笔能写、遇事能谋，为今后走上事业岗位、在更大的人生舞台上实现自我价值，为人民、社会、国家做出贡献打下坚实的基础。

通过党员轮流讲党课，引导学生党员养成勤于学习、善于思考、精于谋划的优良品质，每一个讲授党课的过程，既是一次拷问党性、提升境界的过程，也是一次谋划工作、推动落实的过程。

通过党员轮流讲党课，选题贴近大学生活，授课语言精确却不失生动，一改以往的传统模式，针对性更强，思考性更多，重点解决了以往"不知道为什么上党课""认为上党课是浪费时间"的现象，极大地提升了党课学习效果。授课党员知识底蕴深厚，演讲口才良好，外表仪态端庄，能够更好地树立新时期党员的形象，推动党员自觉提高自我要求、加强政治学习和综合素质的培养。

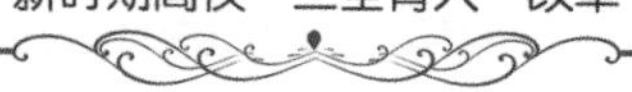

### （五）教育经验总结

“星火讲堂”不仅可以培养学生党员的仪态和提高授课技巧，更重要的是学生在准备党课的过程中，深入学习钻研党的历史、纲领、制度，对坚定自身理想信念、端正入党动机、加深对党的理解、培养对党的感情有极其重要的作用。选取党课内容时，不仅要选取热点、重点，也要选取难点、生僻点。党课的作用除了让党员对党有基本的认识，还应该更深入挖掘党的思想内涵。这不仅对听课党员来说是一个学习的过程，对于授课党员来说，仔细挖掘、统揽全局能让他们对党的发展有一个更具连贯性的全局认识，这会成为他们一生的宝贵财富。为此，我们总结活动经验，对“星火讲堂”提出推进计划。

**1. 提升核心团队和主讲团队水平，提高“星火讲堂”质量**

随着党员队伍壮大发展，新鲜血液的注入使得基层党组织焕发出新的强大活力。“星火讲堂”的主讲团队将迎来一批新的主讲人。“星火讲堂”下一步的党课中，将会激发更多的思路和想法，为党员、入党积极分子呈现的内容和方式也将更加丰富多彩、精彩纷呈。“星火讲堂”将继续坚持党员积极讨论、提前制定课表、设置课程内容、参与备课和教案分析、进行试讲审核培训、对优秀党课进行观摩交流等流程，保证党课质量和实效性。同时，积极探索新型党课模式，如舞台剧表演、经典阅读、朗读讨论或经典影片配音等，变“灌输式”党课为“体验式”党课，充分调动备课党员和听课党员的积极性，让政治理论学习和党员思想引领落到实处。

**2. 形成梯队传承模式，培养骨干力量起带头作用**

注重新老党员合理搭配，形成梯队，做好传帮带、老带新的工作，形成良好的传承模式。随着新党员的加入和党课团队的扩大，为达到良好的党课效果，成立新主讲培训班，让新党员初步了解团队的运作形式和思想传统，帮助他们更快地投入到准备党课的工作中来。新党员加入时，选拔积极主动、能力强的优秀党员为负责人，培养其成为主要骨干力量，起到团队带领作用。

**3. 做到可持续发展，长期坚持永不止步**

制定完善监督、反馈和激励机制方案，年终评选优质党课，学院各支部进行党课巡讲，进行支部间党课团队经验交流、收集广大党员意见，不断完善讲课团队的管理方案和讲课方法，从而提升党课的呈现效果。

**4. 与他院乃至他校学生党支部结对子、促交流，联合开展"星火讲堂"巡讲、"优秀党课评选活动"，进一步掀起学习习近平新时代中国特色社会主义思想的主题教育活动**

积极开展校际交流，让"星火讲堂"走出去。拟前往其他高校党员之家进行基层党建工作交流，为探索创新党课学习方式、增加基层组织党课教育实效、提高支部活力提供宝贵经验借鉴。

## 四、三型四融合——品牌党支部建设

临床医学（卓越创新班）是南方医科大学的优势临床专业，是全国首批"卓越医生教育培养计划"的改革试点专业，着力于培养高层次、国际化的医学拔尖创新人才，是未来医院尖端人才的储备库和运输站。该专业采用小班教学模式，年级人数为30～40人，专业内党员人数少，低年级党员人数更少，因而把党支部建在专业上，纵跨5个年级，命名为第二临床医学院本科第一党支部。兼容不同年级的设置不仅有利于有效整合学科资源，调动各年级积极性，而且有利于党建活动开展、凝聚专业合力，高年级带低年级，总结先进经验，传承优良基因。

### （一）教育理念

习近平总书记在全国高校思想政治工作会议中指出，思想政治工作从根本上说是做人的工作，必须围绕学生、关照学生、服务学生，做好高校思想政治工作，要因事而化、因时而进、因势而新，要遵循思想政治工作规律、教书育人规律、学生成长规律，不断提高工作能力和水平。

高校学生党支部作为党在高校最基层的组织，是党在学生中的"神经元"，在学校学生群体中发挥着战斗堡垒的重要作用。新时期，高校学生群体思想更加活跃，高校学生党支部必须紧密结合自身实际，遵循学生成长的规律，努力在党建工作思路、内容和方式上创新。

### （二）教育目标

党支部建设围绕学生需求，以品牌创建为目标，以"三型"党支部建设为主线，以"四个融合"为依托，将品牌创建的模式运用到党的建设，使支部党员和入党积极分子树立人人争创品牌的意识，形成共同的奋斗目标。以党支部为堡垒，以广大党员为先锋，以各类活动为载体，提高各类活动的显示度和影响力，全方位创建党建工作品牌，并最终通过党建文化引领学院文化，营造和谐氛围，提升学院、学科软实力。

### （三）要解决的问题

一是品牌明晰化。在党建工作中树立品牌创建理念，充分发挥党支部和广大党员在提升软实力中的凝聚推动作用。

二是品牌归核化。对内增强凝聚力，发挥党组织的示范作用，对外提升影响力，打造核心竞争力，最大化彰显品牌核心价值。

三是品牌步骤化。首先，树立标杆、典型引路，收获标志成果，推选标杆人物；其次，组织活动、营造氛围，实现活动有张力，实践有特色，侧重教育意义；最后，凝聚力量、推动发展，培育人才，搭建平台，孕育文化，形成合力，为人才培养、科学研究、社会服务等顺利开展提供坚实的组织保障。

### （四）教育方法设计

构建三型党支部，创新高效学生党支部建设模式，学习是基础，服务是核心，创新是保障。要继续加强学风建设，促进支部建设与学科建设相融合；立足学生需要，加强支部建设与科研团队相融合，为学生寻找提供更优势的科研团队支持；抓牢党团这第一阵地，组织开展形式丰富的、学生乐于参加的活动，增强活动的吸引力和意义；加强品牌项目的打造，勇于创新、积极实践、多元结合、形成合力，全方位创建党建工作品牌。

### （五）教育活动过程

#### 1. 抓好思想建设、优化学习形式，建设“学习型”党支部

围绕学理论、抓专业、重技能三个重点，抓好思想建设，营造良好氛围。多维度创新教育模式，打造“卓越医学生计划”，推选先进典型，紧紧围绕成长主题，搭建学科科研平台，专设奖学金，选树大学生标杆，努力培养“全能型选手”。在思想建设上，严格落实“三会一课”制度，运用大学生喜欢的方式开展思想政治教育，强化社会实践育人，提高实践教学比重，师生共同参加社会实践活动。同时，开设专题党课教学，加强实践教学基地建设，丰富主题党日活动形式，建立健全志愿服务制度，完善科教融合育人模式。在文化营造上，打造“卓越名师讲坛”“卓越论坛”“访学经验交流”“考研保研经验交流”“LRL 读书经验分享”，营造乐学

互助、资源共享的学习氛围。在活动设计上，推动"生涯人物探访"，对接临床导师和基础导师，发挥名师大家、学术带头人的示范引领作用。

成效：突出学习主题、丰富学习载体、优化学习形式，三位一体营造良好学习氛围。积极发挥党员带头作用，2018年度13名党员中5人获得奖学金，6人担任（或曾经担任）学生骨干，2人获得全国临床技能大赛银奖、华南赛区金奖，2人获得广东省"挑战杯"创业计划竞赛银奖。2017—2018年，卓越班本科生完成课题项目11项，获得全国大学生英语竞赛一等奖1项、二等奖3项、三等奖2项。

**2. 完善管理制度、丰富服务载体，建设"服务型"党支部**

建设服务型学生党支部，要以提高党支部和党员的服务能力和水平为重点，围绕学生利益开展工作。自2013年党支部成立以来，我们逐步完善适合学生党支部的入党流程，健全会议纪要要求、规范支部工作台账、每周主要工作落实台账，为规范化管理奠定基础。目前已完成制定《卓越创新班团员推优入党流程（试行）》《学生党员纪律管理制度》《党支部"三个一"联系制度》《党支部100时服务制度》等规章制度，规范《团支部推优记录》《发展对象推荐表》《发展对象政审表》《党员备案登记表》，完善《推优入党材料管理制度》，制作党员个人档案，规范入党记录。

切实提高学生党员的服务意识和服务能力，建立保持共产党员先进性教育长效机制，支部依托党团建设、社会实践、志愿服务等形式，丰富服务载体，创新组织设置和服务形式，开展贴近群众生活、特色鲜明的主题服务实践活动。成立"南医信使"志愿服务团队，派发学校积压信件；结合学科特色组织科普宣讲，举办器官遗体捐献宣讲、"星星点灯"纪念大体老师活动；深入周边社区，伴读京溪小学农民工子女；利用假期时间，回到高中母校、深入乡村践行社会主义核心价值观；结合人文素质教育主题，开展社会调研及省内帮扶等系列活动，为党员发挥作用，以及党员的成长成才搭建平台。

成效：搭建社会实践平台，服务延伸至周边，目前在高校内、周边小学、周边社区建立三个定点大学生志愿服务基地，打造"南医图书馆志愿者""京溪伴读天使""南医信使"三支广受好评的志愿者团队，2018年组织学生参加志愿服务场次累计600余次。

**3. 依托学科建设、打造品牌项目，建设"创新型"党支部**

党支部在工作的各个环节不断努力增强创新理念、树立品牌意识，将

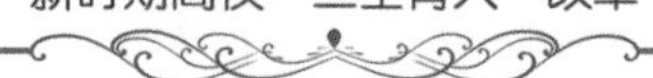

支部建设融入学科建设和人才培养，搭建科研平台，创新实践设计，抓牢党建阵地，增强组织凝聚力。依托学校的临床优势，积极借助学校学科的科研平台，对接基础医学院和珠江医院，推荐学生参与老师的课题项目，开阔其学术视野。创新咨询形式，成立职业指导小分队，指导学生对行业内优秀的名导名师进行访谈。推行“卓越双导师制度”，努力实现1名卓越班同学能对接1名临床导师和1名基础导师，发挥导师力量，发挥名师大家的引领示范作用。创新活动内容和形式，坚守党团组织主阵地，推出“主题月”党日活动；完善并落实党支部管理制度，充分发挥共产党员的先锋模范作用，建立保持共产党员先进性教育长效机制，形成党委领导、各方配合、齐抓共管的思想政治工作和德育工作体系提供制度保障。

成效：加强理论研究，立足工作实际，总结经验归纳思路，积极申报课题，目前成功申报相关课题5项，其中省级课题1项，校级课题4项，发表相关文章共计10篇。党支部连续两年（2016年、2017年）被评为优秀党支部，支部书记获评2018年度优秀党支部书记。2018年申报广东省教育系统组织生活创新案例2项（“过政治生日，葆入党初心”和“聚力连心，学生党员进社区”）。2017—2018年，卓越班本科生发表北大核心期刊论文7篇、发表SCI论文15篇。

### （六）项目特色分析

#### 1. 制度特色

“卓越医学生计划”：为实现培养高层次、国际化的医学拔尖创新人才的教学目标，每年学院都会组织品学兼优的学生前往国外交流学习。《学生党员100时服务制度》明确规定学生党员参加党员教育学习活动不少于20小时，参加实践活动不少于40小时，参加志愿服务活动不少于40小时。《学生党员工作“三个一”联系制度》明确规定每名学生党员须联系指导一名入党积极分子、联系一个学生宿舍、帮扶一名学业困难生的职责要求。

#### 2. 实践特色

“主题月”党日活动：牢牢抓住党团组织为第一阵地，开展“‘团’结一心跟‘党’走”主题活动，每月设置主题开展学生活动，结合网络公众号内容推送、视频制作，开展诗歌朗诵、读书分享、知识竞答、红歌联唱、“飞扬的青春，成长的足迹”“励志之星”等党员标杆评选等活动。

#### 3. 假期实践

每年定期开展主题鲜明的假期实践活动，目前已陆续开展“家庭健康小助手""医学生之践行出真知""家的味道""践行社会主义核心价值观""温情一刻·人文力量"等主题社会实践活动。自2014年开始，我们与学校周边的京溪社区尝试开展合作，目前开发出"伴读天使""健康推广大使"义诊等项目，定期开展伴读农民工子女、科普宣传等活动，建立"京溪家园南方医科大学大学生志愿服务基地"。

**4. 育人特色**

"双导师"制度：校内选拔临床导师和基础导师共同承担学生学习成长过程中的教学任务，指导完成科研课题、撰写科研论文、身正为范指点困惑等。思政教育：在双导师的培养模式下，加强支部党员入党后的再教育，在思想汇报、时政讨论、科研学习、实践服务、内部建设五个方面共同推进，促进支部科研学习氛围，开拓支部志愿服务项目，提升支部凝聚力和战斗力。课程改革：开展翻转课堂、PBL等教学模式，提升教学效果。文化营造：打造"卓越名师讲坛""卓越论坛"，成立互助学习小组，营造乐学互助、资源共享的学习氛围，打造"卓越医学生计划"。推选先进典型，紧紧围绕成长主题，选树"学习之星""文明之星""励志之星""科技之星"等大学生党员标杆，努力培养"全能型选手"。

**5. 创新主题党日活动**

党支部不断努力增强创新理念、创新思维、创新意识，在创新党员组织生活方式上进行努力和尝试。

（1）理论学习路径创新。党支部定期开展"三会一课"和主题学习活动，举办"支部书记讲坛"，解读时政热点、学习领会会议精神；组织"党员开讲"活动，调动大家自主学习、积极分享的动力；创建网上学习平台，打卡记录学习心得；组织《习近平的七年知情岁月》读书心得评选，分享读书感悟，交流读书心得，激发读书热情；组建"十九大"精神宣讲团，打破多校区地域局限的限制，增强支部学习效果和影响力。

（2）"过政治生日，葆入党初心"活动。对于大多数人而言，生日都是值得纪念的一天；而对于党员来说，从入党的那一天起，每名党员便拥有了自己的政治生命，也就拥有了自己的"政治生日"。党支部在每年6月和12月召集高年级党员和低年级入党积极分子齐聚一堂，总结经验、分享体会，宣扬责任与担当，传承优良基因。此项活动的开展，能让党员感受到党组织的关怀和温暖，提醒党员时刻牢记政治身份，增强了党员的荣誉感和归属感，提升党组织的感召力、凝聚力和战斗力。该活动目前已成为南方医科大学党建品牌活动之一。

（3）“聚力连心，学生党员进社区”活动。党支部目前已成立了3支社会实践服务团队，在大学院区内和校园周边社区都建成“大学生志愿服务基地”，组织志愿服务共计600余次，学生党员进社区、进小学，科普医学、呼吁捐献，帮助邻里惠及周边，拓展社交边际，扩大支部影响力。

## （七）教育效果

党支部纵跨学科专业5个年级，在专业建设和管理上起到了核心枢纽的关键作用。不论在思想建设、学科学业、班级建设，还是在活动组织过程中，都发挥了举足轻重的重要作用。同时，党支部又是极好的信息收集和反馈中心，能够快速有效地将各个年级的动态汇总到支部中来，有利于辅导员（支部书记）对于学生情况的快速把握和及时反应。最重要的是，支部内形成高年级带低年级的引领示范作用。

### 1. 师生满意情况

通过打造“学习型”“服务型”“创新型”党支部，在学科专业内营造了良好的风气，通过树立大学生党员标杆，打造出很多优秀的“全能型选手”。通过《学生党员“三个一”联系制度》等制度的设立，打造学习小组，营造良好的帮扶互助氛围，跨越年级界限，打破宿舍间隔，营造其乐融融的家庭式氛围。2018年度13名党员中5人获得奖学金，6人担任（或曾经担任）学生骨干，2人获得全国临床技能大赛银奖、华南赛区金奖，2人获得广东省“挑战杯”创业计划竞赛银奖。2017—2018年，卓越班本科生发表北大核心期刊论文7篇、SCI论文15篇，完成课题项目11项，获得全国大学生英语竞赛一等奖1项、二等奖3项、三等奖2项。

### 2. 社会影响力情况

发挥好党建带团建的重要作用，依托“主题月”、社会实践等活动形式，开展丰富多样的学生活动。以组织学生参与“伴读天使”活动为例，由于诸多因素的影响，京溪小学内有很多农民工的子女放学回家后常常无人陪伴，更不用谈有人指导他们的课业。了解到这样的情况后，自2014年起，学院在党支部的组织牵头下与京溪社区签订合作协议，开始了至今为期四年的伴读农民工子女的志愿活动，从一开始只在本专业招募志愿者，到逐步扩大至其他专业、其他年级、其他学院，甚至其他高校，仅2018年一年就开展了400余次伴读活动。

### 3. 家长、媒体、同行评价

做好学生管理工作，加强党建、班级建设和学风建设是重中之重，做好以上工作能够凝聚核心力量，发挥学生队伍的强大力量。以2013年救助白血病女孩为例，家庭困难的张月在实习期间经查确诊为急性淋巴性白血病。辅导员老师在了解情况后，将党支部成员召集起来共商对策。学院在校内发起倡议，在校外积极奔走，筹备义演，求助媒体、企业和公益机构，最终为张月筹集善款52万余元，解决了手术费用和后期部分调养费用。该生现在已顺利毕业，开始新的人生。这件事情也被当地媒体（电视媒体、纸媒、网络媒体）多方报道，学院广受称赞。

### （八）教育经验总结

#### 1. 党建工作模式

党支部党建工作围绕学生需求，以品牌创建为目标，以"三型"党支部建设为主线，以"四个融合"为依托，将品牌创建的模式运用到党的建设，使支部党员和入党积极分子树立人人争创品牌的意识，形成共同的奋斗目标，遵守一致的行为规范，从而以党支部为堡垒，以广大党员为先锋，以各类活动为载体，提高各类活动的显示度和影响力，全方位创建党建工作品牌，并最终通过党建文化引领学院文化，营造和谐氛围，提升学院、学科软实力。

#### 2. 方法载体

（1）单位领导重视，专家培训引领。学校通过专家做报告、骨干队伍学习班、自学沙龙等形式开展培训，学校相关职能部门积极开展党建工作研究，在实际工作中积累了大量案例和丰富经验。

（2）加强制度建设，严格奖惩并行。一项活动的开展或者一个组织的构建，首先需要配套设置切实可行的制度和相应的奖惩机制，针对党支部的推优入党、党员管理、评奖评优、工作职责等方面都有相应的制度配套，以党支部委员负责、党员参与、团支部配合的模式开展。

（3）开展经验。高校学生党支部作为党在高校最基层的组织，是党在学生中的"神经元"，在学校学生群体中发挥着战斗堡垒的重要作用。新时期，高校学生群体思想更加活跃，学生党支部必须紧密结合自身实际，遵循学生成长的规律，努力在党建工作思路、内容和方式上创新发展。

## 五、以国际护士节系列活动为契机，加强学生职业理想教育

为歌颂现代护理学科创始人弗洛伦斯·南丁格尔为护理事业做出的贡

献，国际护士理事会于1912年将她的生日5月12日定为“国际护士节”，以倡导、继承和弘扬南丁格尔不畏艰险、甘于奉献、救死扶伤、勇于献身的人道主义精神。

每年5月上旬，以庆祝国际护士节为契机，南方医科大学护理学院会组织开展形式多样的仪式活动，如授帽仪式、文艺晚会、科普宣教活动、榜样表彰、理想信念教育讲座、专业知识竞赛、演讲比赛、征文比赛等，以纪念现代护理学创始人南丁格尔，倡导学院师生继承与发扬南丁格尔精神，激发护理专业学生对护理事业的热爱，展示护生风采，丰富校园生活，提高学生们的综合素质，增强学生们的职业认同感和责任心。

### （一）要解决的问题

思考如何结合实际情况与学生需求，继续创新和丰富系列活动形式，使活动的吸引力和教育意义更为突出；部分活动须走出校园、走进社区，需各部门之间协调支持，同时保障师生外出安全；宣传工作要到位，如文艺晚会的现场直播，科普活动的全程录像，各类机械设备须确保无误。

### （二）教育预期目标

（1）针对目前护生理想信念教育（尤其职业理想教育）不足的问题，学院开展多种多样的活动，探索改进、提高的策略和措施，丰富护生职业理想教育的具体内容和教育途径。

（2）通过各项系列活动成果的转化和推广，提升学校教育、管理和服务队伍在大学生职业理想教育方面的能力和素质。

（3）综合各项系列活动成果，创新护生职业理想教育的模式，形成长效机制，推动高校大学生理想信念教育体系建设。

### （三）教育方法设计

#### 1. 成立专项工作小组

为保障国际护士节系列活动顺利、有序开展，学院成立了专项工作小组，由学院党委书记任组长，学院团委书记、党政办主任、教研办主任、学工办全体老师任成员，专项工作小组全面负责各系列活动的筹备、组织、宣传、总结等工作。

#### 2. 确定各项活动主题

学工办各位辅导员利用周点名、走访宿舍、与行政骨干和团学骨干谈话等多种方式，充分了解学生需求，听取学生对拟开展活动的看法和建议，共同探讨更新颖的活动形式。汇总相关信息后，召集专项工作小组全体成员开会讨论，最终确定各项活动主题及活动内容。

**3. 明确各自职责分工**

召开专项工作小组全体成员会议，探讨各项活动具体实施细则，明确各工作人员职责，确定各项活动的具体负责人，完善细化各项工作内容。

**4. 强化宣传教育效果**

活动开展前，利用海报、展板、宣传册、学院官方网站、学院团委微信公众号、各年级辅导员在点名会上宣讲等方式，广泛宣传国际护士节系列活动的目的、意义，各项活动的主题、要求、报名方式等内容，使活动受到广大师生的热切关注。各项活动开展过程中，安排专人负责摄像、录像，大型活动如授帽仪式、文艺晚会、科普活动，提前联络专业团队全程录像，邀请媒体前来直播报道，提升活动影响力与受众面；各项活动结束后，及时汇总整理图片、录像等资料，并结合活动前期筹备、开展过程、经验总结等，形成书面材料投稿学校官网、学校和院团委、学生处微信公众号，影像资料在电子屏幕上循环播放，实现全方位的宣传效果，向更多学院宣传本院国际护士节系列活动的特色、亮点，促进各学院间的交流学习。

### （四）教育活动过程

**1. 授帽仪式**

授帽仪式传承的是一份职业信念与承诺，护生们被护理前辈戴上圣洁的燕尾帽、从前辈手中接过象征生命希望的蜡烛、站在南丁格尔画像前宣读誓言时，代表着同学们将始终以南丁格尔为榜样，带着前辈的嘱托，带着自己的学识与理想，传承几代人的护理信念，担负起神圣的使命。学院每年举行神圣的授帽仪式，伴随着祥和肃穆的音乐，学校党委书记和护理届资深前辈为毕业生及附属医院新晋护士代表一一授帽。授帽完毕后，全体毕业生及附属医院新晋护士代表左手端红烛，举起右手庄严宣誓，共同说出南丁格尔誓言。荧荧烛光中传承着几代人的护理信念，即将走上工作岗位的每一位护生，将正式成为白衣天使，立誓用爱守护生命，将如南丁格尔红烛般燃烧自己，照亮他人。

**2. 文艺晚会**

为庆祝国际护士节，继承与发扬南丁格尔精神，歌颂我校广大护理工作者为护理事业做出的贡献，更好地激发护理工作者和护理专业学生对护理事业的热爱，同时展示护士、护生风采，弘扬校园文化，丰富校园生活，提高学生们的综合素质，学院举办国际护士节文艺晚会。护理学院全体师生、学校各附属医院护理部均投入到文艺晚会节目筹备与彩排中。晚会当天各单位精心选拔的节目逐一进行表演，赢得全场观众的赞誉和喝彩。无论是歌舞、小品，还是舞台剧、相声，各节目均紧紧围绕“引领、奉献、为健康”的育人宗旨，体现护理职业的神圣与崇高，表达护理人对护理事业的热爱与尊重。值得一提的是，作为全国第一批开设助产学专业的本科院校，我校助产学专业的学生带来情景剧《你好，助产士!》，高度还原助产士工作的繁忙与紧张，更给人带来迎接新生命的欣喜与感动，使在座的每一位护理工作者和护理专业学生更加深刻意识到护理事业的伟大与神圣。

**3. 科普宣教活动**

学院组织专家教授和学生志愿者，走入广州社区的大街小巷，开展内容丰富、形式多样的科普宣教活动，如宣传防癌抗癌、急救科普知识，提高社区居民急救意识和培养其急救技能；普及生命教育知识；关注脊柱健康、控烟教育及青少年用眼卫生等，倡导健康的生活方式；宣传防病治病科普知识，增长癌症、造口、透析、慢性病患者及其照顾者的保健护理知识，改善其生活质量。该项活动强化了学生们的社会责任感和职业成就感，促进了教学、科研职能与社会服务职能的良好结合，发挥了学校人才资源的优势和专业特色，使科研成果服务社会，造福民众。

**4. 榜样表彰**

学院以庆祝国际护士节为契机，举办榜样表彰大会，对在护理工作或学习中涌现的优秀集体和个人进行表彰，提高护理人的专业认同感、职业责任感和荣誉感。同时，将榜样的事迹广泛宣传，以榜样的力量引领护理工作者和护理学子们更加努力进取，将南丁格尔精神发扬光大。

**5. 理想信念教育讲座**

邀请国内外护理专家教授为学生开展专题教育讲座，如第 43 届南丁格尔奖获得者姜小鹰教授、第 47 届南丁格尔奖获得者杨丽、英国赫尔大学健康与社会照护学院护理系教授 Roger Watson 等。每位专家教授均从自身经历入手，向护理学子们传授自己的学习、实践、科研经验。一系列理想信念教育讲座，有利于帮助护理学子们深刻认识到护理事业的平凡与伟大，从而激发学生们学习和探索的热情，以及坚定投身于护理事业、奉献自我的决心。

**6. 专业知识竞赛**

学生自行策划与组织专业竞赛，由专业老师负责题目把关，活动结束后为成绩优秀的同学颁发荣誉证书和赠送小礼品。此项活动能够有效激发护理学子对专业知识学习的热情，在活动过程中不断加强对护理行业的了解。

**7. 演讲比赛与征文比赛**

以“专业、职业、事业”为主题，鼓励学生结合自身的学习、实习、工作经历，分享对护理专业和护士行业的感知、感想、感悟，以展示护生风采，引发护生们对未来职业规划的思考。活动结束后为获奖同学颁发荣誉证书和赠送小礼品。

### （五）教育效果

每年的护士节系列活动均受到全院师生的高度认可，各项活动均有极高的参与度和讨论度。除了全院师生广泛参与，还吸引了学校各附属医院的护士们积极报名，极大地拓展了活动受益群体。每项活动开展过程中也会充分利用媒体的力量进行宣传报道，收获了同行的一致好评。其中，科普宣传活动在社区内开展时，吸引了《南方都市报》《广州日报》等 8 家媒体现场直播，并及时发布了新闻报道，使广大市民了解到相关健康保健知识。在校园内开展的多项活动，如护理前辈带来的理想信念教育讲座、护理专业知识竞赛等，则对加强护理专业学生职业理想教育起到了重要作用。

### （六）教育经验总结

以庆祝国际护士节为契机开展的各项活动，有助于倡导护理工作者和护理专业学生继承与发扬南丁格尔精神，激发护理人对护理事业的热爱，增强护理人的专业自信心、职业责任心、职业认同感和荣誉感，提高护理学子的综合素质和人文修养；有助于其他专业、其他领域的人们了解护士这个职业，了解什么是南丁格尔精神，了解护士在救死扶伤过程中不可或缺的作用，对于提升整个社会对护士的了解程度、加大社会人士对护理行业的尊崇度有着不可忽视的意义和作用；护士节系列活动中的健康科普宣传活动，将急救知识、急救技能、疾病预防、日常保健、健康生活方式等，以通俗易懂的语言，通过生动形象的漫画、内容丰富的宣传手册、实用易学的保健操等形式向广大民众普及，既能使广大民众受益，又能在活动开展过程中帮助学生志愿者巩固所学的知识技能，更能强化学生们的社会责任感和职业成就感，有着极高的推广价值。

以已开展的国际护士节系列活动的经验、成效为基础，结合调查统计，分析高校大学生的群体特征和对职业理想教育方面的实际需求，明确当前大学生职业理想教育的现状，探究其中的重难点及效果不佳的成因，通过结合专业特色开展品牌活动，加强大学生职业理想教育的实践调研，以线上线下相辅为手段，借鉴其他典型成功品牌活动案例，从大量的客观实践活动中提炼总结，有针对性地整合和优化大学生职业理想信念教育的资源配置，提出可操作的有效建议，构建大学生职业理想教育的新体系和机制，实现大学生理想信念教育平台和载体的拓展。

# 第二节　实践助航

青少年阶段是人生的"拔节孕穗期"，最需要精心引导和栽培，高校时期更是学生人生观、世界观、价值观形成的关键时期。实践教育是为促进大学生更好地加深理论学习、加强德育培养、增强党性修养，在社会实践、"三下乡"实践、专业实践等多种实践中运用多种方法如叙事、模拟、讨论、观摩、参观、考察、走访与社会调查等开展的多种维度的教育活动。

习近平总书记说过，"志愿服务是社会文明进步的重要标志，是广大志愿者奉献爱心的重要渠道"，他激励大家"到基层和人民中去建功立业，让青春之花绽放在祖国最需要的地方"。"实践助航"项目以实践育人为理念指导，结合医学生专业特色，立足学生奉献精神培养，通过多种活动、多种维度让青年医学生们走入祖国的田间地头、走入祖国的基层乡村，将自己学习的知识在最需要的地方践行，一代代的坚守让实践深入人心，在每一个南医学子心中传承。暑假期间，一支支志愿服务队伍奔赴大江南北，将爱心支教和爱心义诊带给需要的人们。疫情期间，一批批南医学子在当地化身志愿者，在疫情防控中谱出属于南医学子的奉献之歌。通过实践的内化作用、落地作用和锻炼作用，带出一支"接地气"的医学生队伍，培养出政治合格、医德作底、专业过硬的新时代医学人才。

## 一、创新实践育人模式，提升实践育人实效

习近平总书记在全国高校思想政治工作会议上强调："要坚持把立德树人作为中心环节，把思想政治工作贯穿教育教学全过程，实现全程育人、全方位育人，努力开创我国高等教育事业发展新局面。"学校始终将大学生社会实践作为实现立德树人的教育目标、顺应时代发展和促进大学生成长成才的重要手段。以学生社会实践为抓手，打造了"笃行计划""传承红色基因"等社会实践品牌项目。围绕党和国家重大战略、结合地区特色实际、针对学生需求，组织开展助力脱贫攻坚、革命传统教育、美丽乡村、美丽中国等专项实践活动。组织学生利用节假日开展社会调查、

志愿服务、公益活动、科技发明、勤工助学等活动；鼓励学生将社会实践与专业学习、科技创新、就业创业等紧密结合，按规定给予创新学分认定及相应奖励。

### （一）创新实践育人功能的内容和形式

新形势对社会实践提出了新要求，学校在开展社会实践的过程中一直注重两个方面的结合，以提升社会实践的文化育人效果。首先，注重社会实践与社会热点相结合，在每年的社会实践筹备工作中，认真分析研究当前的社会热点，帮助社会实践团队选择符合自身特点和需求的社会热点调研项目，对社会热点的研究提出指导性意见，同时注重社会热点的总结和提炼，从而提升学生关注实时热点、了解国家大事的思维能力。如绿沙环保协会结合生态文明建设，定期开展相关环保知识宣讲活动；MX 调研队结合当前各高校大学生心理健康教育发展不平衡的现实，开展新时期高校心理疏导机制的研究。其次，促进社会实践与专业学习相结合。提升专业学习能力是大学生的根本，学校在开展社会实践过程中邀请专业教师作为指导教师，弥补学生专业学习过程中存在的动手能力不足等问题。如“虫”生说起实践团队在我校吴坤教授的指导下，已连续 3 年开展肝吸虫病的宣教活动。

### （二）完善实践育人功能的组织机制

完善的大学生社会实践组织机制是确保社会实践取得良好活动效果和实践育人效果的保障。学校在建立大学生社会实践的管理运行机制、奖惩监督机制、评价引导机制和人财物保障机制等的基础上，进一步完善策划—宣传—动员—培训—申报—审核—指导—展示—表彰—交流—项目化运作流程。首先，学校各个部门对大学生社会实践活动开展给予支持，明确学校各部门的职责和分工，将社会实践纳入学生创新学分体系，纳入学生综合素质测评体系，发挥全员育人机制效力。同时，制定保障大学生社会实践有效开展的制度政策，并在全校范围内推广，发挥社会实践作为第二课堂成绩单的重要载体作用，积极引导广大青年学生投入社会实践。其次，各学院制定符合学院特色的社会实践指导方案，制定符合学生特点的社会实践考评机制。最后，社会实践采取项目申报审核制。一方面，考虑社会实践的覆盖面；另一方面，考虑社会实践的重要工作效果，采取年级、学院、学校三级申报制度，呈现金字塔模式，配套以各项制度保障。

### （三）提升实践育人功能的实际效果

成功的社会实践活动包含诸多环节，其中最重要的就是立项和指导环节，抓住这两个关键点就能最大限度地达到育人功能。首先，社会实践"项目"制定要进行广泛的社会调研，征求学生意见，在结合学校整体方案的基础上有效制定。比如，通过每年社会实践项目答辩会等活动载体，采取线上发动、线下组织的模式，最大限度调动学生参与社会实践的积极性，打造精品社会实践项目。其次，高度重视社会实践前期调研工作，我校严格落实"按需设项、据项组团、双向受益"的原则，对社会实践基地进行严格考察，深入了解社会实践需求和人民群众的实际需要，切实提高社会实践活动的针对性和有效性。最后，鼓励青年教师参与大学生社会实践活动。由于社会实践的项目较多，学校充分调动广大青年教师的积极性，对青年教师参与社会实践给予政策上的支持和鼓励。同时立足于党建带团建，将社会实践活动与党员活动相结合。如 MX 调研队已连续两年获得全国大学生党员社会实践活动项目；中医药学院已连续三年组建党员暑期"三下乡"队伍，由学院党委书记亲自带队，开展社会实践活动。

"十二五"以来，组建校级以上社会实践重点团队 500 多个，建立社会实践基地 400 多个；受省级及以上表彰团队 18 个，省级以上表彰个人 40 人。在 2017 年全国大中专学生"三下乡"社会实践"千校千项"成果遴选活动中，我校普天社会实践队"广东省分级诊疗社会调研实践项目"入选最具影响好项目。伍娅菲、胡珂、蒋颖琛三位同学获"真情实感志愿者"称号。中医药学院"党旗伴我行"获全国大学生暑期"三下乡"社会实践优秀项目。

扎实推进志愿服务工作。充分发挥学科专业优势，广泛开展志愿服务。依托广东省"i 志愿"系统和管理平台，建立有效的志愿者注册、管理和评估体系，推动团员青年全面参与志愿服务；指导附属医院团委完善志愿者的招募与注册。利用学雷锋日、志愿者日等时间节点和学校重大活动契机开展以美化校园环境为主题的"美丽校园"志愿服务活动。

近年来，学校建设了 40 多个青年志愿者实践基地，广东志愿者网注册青年志愿者 15000 多人，共开展各类志愿服务活动 500 多项，志愿服务时间累积达 14 万小时。积极参加广东省健康直通车活动，本科生加入青年医疗志愿服务队赴西藏林芝，新疆哈密、喀什地区开展志愿服务。获得首届广东省志愿服务最高奖"红棉奖"和第九届"中国青年志愿者优秀组织奖”；学生公益组织“南方血缘服务队”，3 年来为血液病患者提供超过 3200 小时的志愿服务，在第九届中国健康总评榜获“医疗服务创新先锋”称号。我校南方医院（第一临床医学院）学生志愿服务项目“冯派普敬老院临终关怀计划”、珠江医院临床技能中心志愿服务项目“把握黄金四分钟提升全民救援力”在 2017 年“益苗计划”广东志愿服务组织成长扶持行动暨志愿服务项目大赛中，获“培育成长项目”资助。

## 二、探访抗战老兵，聆听革命故事——基层党组织实践育人

为深入学习习近平新时代中国特色社会主义思想和党的十九大精神，贯彻落实习近平总书记在全国高校思想政治工作会议和全国教育大会上的讲话精神，全面推进“立德树人”教育战略，继承和发扬革命先辈的光荣传统和优良作风，增强学子民族自信心和自豪感，南方医科大学基础医学院成立“红色寻英”社会实践团队赴佛山市顺德区开展“访历史之英雄，启当下之青年”红色教育活动。团队分别探访了 3 名在顺德区生活的抗战老兵，通过倾听老一辈军人的抗战故事，了解革命历史，接受红色教育，传承革命精神。

通过开展“访历史之英雄，启当下之青年”主题教育活动，发掘抗战老兵的故事，带领青年学子学习革命传统故事，重温中国人民解放军的光辉历史和英雄壮举，学会珍惜当下来之不易的幸福生活；充分发挥基层党组织的实践育人效果，引导广大青年学子接受一次深刻的爱国主义和革命传统教育，使他们更加全面地了解中国革命的历史进程，从而明确使命和今后的努力方向，认真学习，勇于担当，为振兴中华民族而努力奋斗，为祖国的繁荣昌盛贡献自己的一份力量；形成宣传视频、新闻报道等一系列高质量的学习成果，加强宣传教育，使成果可以惠泽到更多青年学生，激励广大青年学子铭记历史，增强爱国情感，为实现中华民族伟大复兴的中国梦而不懈奋斗。

### （一）教育活动过程

#### 1. 前期准备工作

经前期调查，“红色寻英”社会实践团队在顺德鹏星社工站的帮助下，共找到顺德本地红色家庭 3 个。在筹备的过程中，团队面向学院本科生第

一党支部全体党员、预备党员、入党积极分子等招募志愿者，通过笔试、面试等环节挑选出合格队员，并明确分工，将团队分为采访者、拍摄者与录音者，确保各个环节的有序进行。

**2. 实施过程**

"红色寻英"社会实践队成员采访了第一位革命老战士阮老先生。初见时，大家便被老先生的热情好客所吸引。在采访过程中，老先生详细地讲述了他从产生参军念头到上阵杀敌、保卫祖国，从一个新兵到征战老兵的心路历程。军旅生活都是十分艰苦的，唯有意志坚强者才能坚持其中。在老先生激情澎湃的叙述中，大家深切地感受到战争的惨烈，重温了革命先驱前仆后继、视死如归的保家卫国精神。老先生在回忆战争往事的同时，还给予了当代年轻人几点深刻的建议：一是于课堂刻苦勤思，于社会事事躬行，从而实践出真知；二是以礼待人，守望相助，虽数十载不可见，但仍尤亲切；三是于集体中见贤思齐，每日三省，补全自己。谈起对于参军的看法，他语重心长地告诉队员们，年轻人要有思想，这个思想就是有国才有家，不要只顾着自己的小利益、小家庭，国家富裕了，人民生活水平才能真正提高。倾听老先生的讲述，大家不仅感受到了战争年代的凶险残酷，更被老一辈革命家在国家面临危险时匹夫有责、无畏无惧的爱国精神所震撼。

"红色寻英"社会实践队成员采访了第二位革命老战士雷老先生。雷老先生回忆起抗战经历时，感触颇多。他告诉队员们，军中生活十分艰苦，在部队中为了求生，他曾"生食猪肝"、喝过"死尸水"。队员们被雷老先生的叙述所震撼，在感受到战争的残酷的同时，也为雷老先生等革命先辈英勇无惧、艰苦奋斗的精神所折服。随后，在展示多年来战友聚会和回访战场的照片时，这位昔日铮铮铁骨的战士的声音开始哽咽，"君埋泉下泥销骨，我寄人间雪满头"。回忆起三十九载前的伙伴，雷老先生深感能活下去便弥足珍贵，自己更是身兼战友那份对生命的渴望、为国奉献的希望活下去。此去经年三十余载，物非人亦非，今日战争经历者亲口述说，语气平静而略带颤抖，更显红色历史与岁月的苍凉与壮烈。雷老先生在回忆之余，还叮嘱队员们"要读好书，为国家多做贡献"，大家都感受到雷老先生带来的力量。今天国家的强盛、生活的优渥是数代人努力的结果，也是一批批热血男儿用血肉撑起的，时至今日我们更要铭记历史，砥砺前行。

"红色寻英"社会实践队成员采访了第三位革命老战士苏老先生。解

放战争期间，苏老先生在警卫连中负责保卫首长。采访期间，苏老先生在回忆当年的军旅生活之余，还向队员们阐述了他对当代青年的期望。他强调：“最紧要的是业精于勤荒于嬉，行成于思毁于随。学、业精于勤就是要做好工作、要勤劳；荒于嬉，一味顾着玩就什么都荒废丢弃了。行成于思就是要行动就要靠脑袋想，光是学不行，学了之后要多想几个为什么，打多几个问号，为什么要这样。学了之后要考虑、要思考，所谓三思而后行。”90 多年的岁月对于一个人来说是漫长的光阴流转，长到可以让一个年富力强的铮铮硬汉白发苍苍、步履蹒跚；90 多年的岁月对于一个民族来说却不过是历史长河中短暂的一个节点，这一节点中无数革命先烈奋斗不息，坚强勇敢地续写着为民族独立而战的辉煌篇章，这些英雄先辈值得世世代代中华子孙去铭记。苏老先生的故事感染了所有在场的队员，让大家认识到当代青年须立身自行，以学为基，继承先辈事业，为建设祖国而奋斗。

### （二）教育效果

“访历史之英雄，启当下之青年”红色教育活动的开展，帮助青年学子在学习革命传统故事、重温中国人民解放军的光辉历史和英雄壮举之余，学会更加珍惜当下来之不易的幸福生活。活动形成了宣传视频、新闻报道等一系列高质量的学习、教育、传播成果，得到了中国青年网、佛山市顺德区容桂街道鹏星社会工作服务社公众号、学校新闻网、学院团委公众号的报道，并顺利入选“全国高校镜头中的三下乡”评选环节。活动虽已圆满结束，但英雄前辈的身影和寄语却深深地烙印在每位学子心间。通过此次寻访活动，广大青年学子更深切地了解祖国发展的艰苦历程，把英雄先辈们无私奉献和艰苦奋斗的精神牢记心中，始终坚定理想信念，心系家国命运，肩负时代重任，在党的领导下为中华民族的伟大复兴贡献青春、智慧和力量，为伟大的中国共产党献上当代青年人最好的礼物！

### （三）教育经验总结

#### 1. 每一名学生都有表达爱国情感、抒发报国之志的情怀

不论是前期的报名培训，还是活动开展时的深入探索，以及后期的材料总结，从学生踊跃程度、呈现出的精神状态以及用心准备的态度都充分体现了每一个学生都对祖国有着深厚的感情，对革命军人怀着深深的敬意，都想用自己的行动报效祖国、证明自己。在红色实践中开展思政工作

往往具有更好的效果，这充分体现了思政工作的顺势而为。

**2. 建立校园思政工作矩阵，发挥共振效应**

加强优秀案例及精品项目的宣传工作，与学校思政工作者们分享成功经验，凝心聚力，共同探索思政工作新方式，建立思政矩阵。组织学生开展红色教育实践活动；同时也联合校园新媒体，拓展宣传途径，最大程度发挥矩阵的共振效应。

**3. 开展实践调研，提升思政工作者的理论水平**

红色教育活动结束后，运用问卷调查、访谈等方式开展实践调研工作，以进一步增进对学生思想状况的了解，有针对性地创新思政工作形式，完善育人方法，同时也能通过此项工作来提升思政工作者的科研能力，更好地指导具体的实践工作。

## 三、打造品牌活动，建设中医药特色校园文化

中医药文化是中华民族传统文化的瑰宝，是迄今为止世界上保存最为完整的民族医药体系。随着对外合作交流的日益增多，中医药的国际影响力也越来越大。《国家中医药管理局关于印发中医药文化建设"十二五"规划的通知》提出"建设富有中医药特色的校园文化，逐步构建中医药教育机构文化体系"，"开展群众喜闻乐见、内容丰富、形式多样的中医药文化科普宣传活动"，"加强对学生中医药文化教育，巩固专业思想，树立事业信心"。一直以来，学校高度重视中医药传统文化的宣传教育，打造了中医药文化节"筑梦杏林　你我同行"系列活动。中医药文化节借助花茶、药膳、拔火罐、艾灸、针灸、推拿、太极等中医药文化展示，通过展览、讲座、论坛、竞赛、义诊等生动多样的活动形式推广、宣传博大精深的中华传统文化。

### （一）教育活动内容

**1. "中医药文化校园行"**

举办"名老中医传承班拜师仪式"，"杏林学堂"系列中药、针灸推拿、太极兴趣课程班，"筑梦杏林"系列学术讲座、论坛，"百草悠悠，杏林芬芳"中药图片展，"虹桥茶烟起，引素来围炉"赏茶艺、品茗香活动，岭南中草药科普基地和神农本草堂之旅，"我的中医·我的梦"征文比赛，中医经典朗诵比赛以及"醉美南医·爱尚国风"国医文化展等。通

过名老中医传承班拜师仪式，让学生亲身感受传统仪式，引导学生尊重中医、爱上中医，愿意终生从事中医事业。通过中药图片展，加强学生对中药的掌握和探索。

**2. “中医进社区”宣讲、义诊、志愿服务活动**

在活动中设置中医宣传活动，让民众了解中医药文化；通过义诊提升社会对中医药的认可度，培养学子医者仁心的职业素养；打造“南方医院中医科义诊日”“南方医科大学中西医结合医院义诊日”“顺峰山义诊”“罗仁教授亚健康中医知识讲座”“中医药健康知识进社区”“顺德启智学校”关爱之行等知名活动品牌。

**3. “中医药文化桑梓行”大学生寒暑假中医药知识宣讲实践活动**

组建中医药知识宣讲队，与当地中医院联合举办中医药知识宣传或义诊，在全国积极打造提高公众中医药知识素养的宣传服务窗口。

**4. 中医药知识临床技能大赛**

为强化学生中医药基本理论、技能的训练，举办大学生中药、中医、针灸推拿知识与技能竞赛。

### （二）教育效果

**1. 中医药文化宣传活动社会反响良好**

中医药文化节至今已成功举办了九届，多次被评为南方医科大学精品校园活动，同时也被评为2015年广东省科技厅科普创新项目，活动多次被广东省团省委网站等媒体报道。中医药文化行之顺峰山义诊已连续举办了六届，每次都吸引了数千游客体验中医药义诊服务，活动多次被顺德新闻网报道。一些知名机构争相邀请的“罗仁教授亚健康讲座”，在全国各地共举办了100多场。名老中医传承班于2014年成立，被社会各界广泛关注，首届和第二届名老中医传承班拜师仪式被凤凰新闻、《南方日报》《广州日报》《信息时报》等媒体争相报道，积极传扬了中医文化的要义。学院多次被评为“广东省五四红旗团总支”“广东省五四红旗团委”。中医药文化社团连续两年获得学校五星级社团，被评为“广东省优秀学生社团”。

**2. 学生培养质量提升**

学生连续三届获得全国大学生“挑战杯”创业设计大赛金、银奖，全国大学生“挑战杯”课外学术竞赛二等奖；连续三年组队参加全国针灸推拿技能大赛，获全国一等奖、二等奖，多个单项一、二等奖的好成绩；多次参加全国中医药临床技能大赛，获三等奖；多次参加广东省太极及武术竞赛，共获得61金、127银、14铜的好成绩。近三年，中医药学院本科生发表论文近百篇，本科生参加课外科研课题研究达120多项；中医学专业毕业生的中医类执业医师通过率均为90%左右，高出全国平均30%左右，中西医结合类执业医师通过率高出全国平均35%左右，位居全国前列。

### （三）教育经验总结

为促进祖国医学的校园传承，建设富有中医药特色的校园文化，必须充分调动师生的积极性，整合各方资源，打造品牌活动。

**1. 要能够在活动中达到学以致用、理论实践相结合的效果**

通过知识宣讲、义诊、技能竞赛、兴趣课程班等能够把学到的中医药理论知识迅速转化为实践操作，提升了学生和民众对中医药的兴趣。

**2. 要使大学能够发挥学校教育与社会服务相结合的作用**

通过寒暑假回家乡宣传、开展志愿服务活动等，让大学生积极利用中医药专业知识回馈社会，在巩固学生专业思想的同时，也在民众中形成浓厚的中医药文化氛围。

**3. 要落实中西合璧、传统与现代相结合的理念**

在中医药文化的宣传推广活动中，能够充分利用中西医结合的知识，更好地消除民众对中医药的误区，发扬中医国粹。

## 四、"双师制"指导下的专业型社团建设——以中医药文化社团为例

学生社团是高校校园文化的重要载体，是第二课堂教育活动组织的重要力量。为促进专业型社团的活动持续、有效、健康地开展下去，中医药文化社团实行"双师制"教育模式，即一个社团组织须配2名老师指导开展活动，包括1名专业任课老师和1名学生管理老师。专业任课老师对社团开展的与专业性相关的活动进行专业学科指导，学生管理老师对社团活动的组织和社团的宏观发展进行指导。"双师制"充分调动了专业教师的积极性和学生管理干部的管理力量，提高了专业社团活动的专业性，拓宽了社团的发展思路。

### （一）双导师的设置

对于整个中医药社团，设置一名有丰富团学组织管理和就业指导经验的学生工作管理干部对整个社团的宏观运行和管理进行把控；对于中医药文化社团下设的太极拳小组、针灸推拿小组、中草药小组这三个专业兴趣小组，分别在中医药学院内遴选在功法学、针灸推拿专业、中药专业具有丰富实践与教学经验并热心学生工作的三位专业课老师，分别对这三个小组进行针对性、专业性的指导。

### （二）“双师制”指导社团活动的具体方式

#### 1. 加强指导力度

“双师制”中的专业老师不仅能在课题选择、研究方法等方面为学生提供帮助，专业指导更能贯穿于整个专业型社团的学术风气营造的全过程，对学生在社团内部的专业学习、研究的各个阶段进行监控和评估，使得社团的活动更具专业内涵。

作为学生因兴趣而自愿组织起来的学生团体，在组织上具有一定的自发性。伴随着年级的增长、事务的增多，专业型社团的专业性会逐渐褪去，社团重活动而轻管理。“双师制”中的学生管理工作干部的引入，能够让其对社团的宏观运作、制度建设上给予有力的指导，使社团管理和文化得以传承和创新。

#### 2. 拓宽经费来源

大学生社团的经费主要来自会员会费和学校的有限拨款。在活动不断创新、内容不断丰富的情况下，经费紧张极大地限制了活动的顺利开展，影响了会员们的积极性，甚至降低了活动的层次。因此，社团建设要走出校园，寻求社会力量的支持。通过校友资源、社会赞助等多种渠道筹措活动资金，既可以保证社团活动的顺利开展，又可以增加学生的社会知识和经历。专业型社团在引入“双师制”后与学院联系增强，学院可以拿出一部分经费或者由指导老师的人际资源提供赞助，设立大学生科研、就业、创业基金，鼓励社团成员以个人或团队的名义申请经费，保证活动的顺利开展，同时可以对参加各种竞赛的团队或小组进行奖励。

### （三）教育效果

#### 1. 职能互补

一方面，在社团活动和发展的专业学术问题上，专业老师可以给予有效指导；另一方面，学生工作管理干部负责社团文化建设以及团队组织管理，在指导社团活动的组织和社团的宏观发展上给予大力支持，如场地协调、人力物力资源调配等。

**2. 时间互补**

很多专业型社团挂名的指导老师无法花费更多的课余时间与学生沟通社团活动开展的具体情况；而学生管理工作干部则能够在时间上相对有所保证，在社团活动上给予学生更细致的指导。

**3. 资源共享**

在加强与学院的联系、得到学院领导重视以及"双师制"的加持以后，社团可以实现与学院的资源共享，利用学院的场地、物资、经费谋求更大的发展。

**4. 平台扩展**

专业老师可以利用学术人脉为专业型社团构建不拘泥于普通讲座、前辈面授技能等更宽广的学术专业交流平台。学生工作管理干部可以利用在学生就业指导工作中建立的企事业单位和校友等资源，引入和学生专业匹配的就业单位及知名校友等，参与指导社团的实践活动，培养出更符合社会就业市场需求的大学生。

### （四）教育经验总结

**1. 有效提高指导老师的工作积极性**

专业能力强、有责任心、善于与学生沟通的社团指导老师是每个社团健康发展的有力保证，但由于多校区办学、专业老师在时间、空间上受限等原因，导致专业老师的指导力度和关注程度还远远不能满足社团及其成员发展的需要。对指导老师，学校相关部门制定相应激励政策，明确指导教师在社团活动中的职责，以提高专业型社团指导老师的主动性、积极性、创造性。

**2. 加大对社团的支持力度**

社团经费一直是阻碍社团发展的一个现实问题。专业型社团在活动过程中会牵涉很多专业资源的获取与分享，其所需开支较其他类型社团来说更大。社团所在的单位要切实加大对社团的扶持力度，以确保各项活动顺利开展。

## 五、“研之行”科技育人模式

“研之行”科技育人系列活动以习近平新时代中国特色社会主义思想和党的十九大精神为指导思想，全面推进“立德树人”教育战略，加强校园科学文化氛围，培育学子学术才情，增强文化育人效果。该项目是学校“筑梦引航”工程试点项目，也是学院的精品文化活动，从2011年创办至今已8年有余，共培养本科生3000余名。该项目由基础医学院学生科学技术与创新协会主办，以培养学生的科技创新能力、提高人才培养质量为目的，为在校本科生进入实验室学习搭建平台。项目获基础医学院病理学教研室、生理学教研室、人体解剖学教研室、组织胚胎学教研室、细胞生物学教研室、免疫学教研室、医学遗传学教研室、神经生物学教研室、肿瘤研究所、生物信息学教研室十大教研室的支持，通过学生与教研室及专家教授的密切接触，帮助学生树立专业意识、培育学术才情、提高科研兴趣，为未来从事科研工作打下良好的基础，同时为实验室培养了一批高素质的预备人才，增强学校教研基地的科研实力。

### （一）要解决的问题

基础医学院科研资源丰富，但只有极少数本科学生能够获得进入实验室、参与课题研究的资格。为弥补此种不足，增进学生对各实验室的了解及科研创新意识，学院搭建了“研之行”科技育人平台，密切联系院内十大教研室，根据各年级学生对科研的需求设计了不同的环节，分为三个阶段循序渐进地开展：大一“走进实验室”、大二“研之行”科研指导讲座及暑期见习、大三与大四“课外科研小组”，引导学生在深入了解科研工作的基础上，增强参与科研工作的积极性，为学生毕业实习、考研深造、出国留学等个人发展目标打下坚实基础。

### （二）教育预期目标

通过“研之行”科技育人平台，提高学生对科研工作的参与度，增进师生间的情谊，为他们未来从事科研工作打好基础，让他们有更多的机会向实验室导师学习。

加强本科生从事科研工作的实操能力，培养他们良好的科学素养，为他们顺利完成毕业实习打好基础，激励他们提前思考未来的发展道路，如考研深造、出国留学等。

培养学生至诚报国的理想追求、敢为人先的科学精神、开拓创新的进取意识和严谨求实的科研作风，提高学院的人才培养质量。

以学生科研项目申报为着力点，紧密配合项目培养环节，鼓励引导各个年级的学生积极参与"全国大学生基础医学创新论坛暨实验设计大赛""攀登计划""大学生创新创业训练项目""挑战杯"，以老带新，覆盖全员，形成结构层次合理的学生科研创新队伍。通过大型科研项目，着力培养学生的良好学术思维，提高学生的基础科研能力。

## （三）教育活动过程

"研之行"科技育人系列活动具有鲜明的品牌特色，坚持"合格＋特色"的人才培养思路，充分依托学院丰富的科研资源，通过形式多样的课外科技文化活动，对本科生实行从入校到毕业的全方位培养，全面提升学生的科研素养和创新思维。该项目根据各年级学生对科研的不同需求设计了"三步走"环节：大一"走进实验室暨广州校园行"、大二"研之行科研指导讲座及暑期见习"、大三大四"课外科研小组"。每年9月新生入学，学院面向大一新生开展"走进实验室暨广州校园行"活动，带领全体新生参观校本部人体科学馆及各大教研室，通过与专家教授面对面交流，接触科研第一线，培养学子科研兴趣。暑假期间，召集全院各大教研室对大二有志参加科研活动的学生进行招生面试，选拔品学兼优、有较强科研能力的学生进入实验室开展课外科研活动，增强学子的科技创新意识及实验操作能力。待学生进入高年级，通过前两年的培养，基本具备分组开展科技实践活动的能力后，将分别安排其到各专家教授的课题组中担任科研小助手，为学生毕业实习、考研深造、出国留学等个人发展目标打下坚实基础。

### 1. 走进实验室暨广州校园行

走进实验室暨广州校园行活动是研之行"三步走"中的第一环节，旨在通过大一新生与教研室的紧密接触，帮助学生树立专业意识，培育学术才情，提高科研兴趣，增强学习主动性。在大一新生入学教育期间，学院安排新生分专业轮流参观学校人体科学博物馆及病理学教研室、生理学教研室、人体解剖学教研室等机构。通过专家教授生动形象的讲解，为新生揭开医学专业的神秘面纱，运用高端精密的实验设备点燃新生的求医热情，从而帮助他们拓宽视野、增长知识。另一方面，邀请各专业带头人召开专业见面会，向新生详细介绍专业情况及发展前景、就业方向等，增强新生专业认同感。“研之行”第一环节带领大一新生迈进医学专业殿堂，在教研室浓厚的科研氛围中接受医学启蒙，坚定求医之路。

**2. 科研指导讲座**

为提高学子科研兴趣，明确科研方向，在本科生进入大二时，开展研之行“三步走”中的第二环节：科研指导讲座，分别邀请来自学院十大教研室的专家教授为学生答疑解惑。在讲座中，教授们分别从不同层面、多个角度向学子详细介绍了教研室工作日常及研究方向、研究团队、研究成果、研究项目等，深入剖析了各学科培养方案及未来发展前景，从而引导学生养成好学钻研的优良学风，学习科研工作者应该具有的精神风貌及科研素质。学生们纷纷表示受益匪浅，为有志于参加科研工作的学生提供了一次宝贵的机会，使他们可以充分了解科研和实验室，做出正确的科研选择，也为暑期招生面试及教研室见习工作的开展打下良好基础。

**3. 暑期教研室见习**

为增进师生交流，帮助本科生挖掘科研兴趣点，了解科研前沿动态，同时确保教研室见习质量，在大二学子即将迈向大三时，学院召集十大教研室的专家教授开展招生面试工作，招生对象为全校大二学生。面试过程中，教授们首先会向在场学子简单介绍各大教研室的主要研究方向、课题情况以及面试要求，同学们可以根据自身的研究兴趣进行选择。面试是教授与学生交流互动的良好机会，教授们耐心仔细地询问面试者相关科研问题，考验面试者的知识水平、学习素养以及兴趣爱好，以遴选出品学兼优的合适人选。同学们表现积极，充分彰显南医学子博学慎思的品质。招生面试结束后，同学们进入教研室开展为期两到三周的见习活动。见习活动的开展不仅有效加强了我校本科生与教研室的联系，给学生提供了接触科研的机会，也为教研室输送高素质的优秀人才，帮助学子寻找科学研究的魅力所在，使其对今后的发展道路充满信心。

**4. 课外科研小组**

学生进入高年级后，开展研之行“三步走”的第三环节，即鼓励学生按照研究兴趣，成立课外科研小组，在各教研室专家教授的指导下开展科研工作。2011 年至今，科研小组硕果累累，申请国家级项目 11 项、省级 34 项、校级 11 项。如杨剑宇的“斑马鱼白血病表型的发生与物理因素关系”、李晓莹的“阿尔茨海默病相关 BACE1 酶多肽抑制剂的筛选及应用研究”、李胜东和章雪的“利用三维激光扫描仪交通事故现场还原方法研究"等国家级项目均已结题，李琪、高玥、杨修佳、曾嘉平申请的"基于RNA-seq测序数据的卵巢癌分子分型研究"和张旭的"METH通过HIF-1介导血脑屏障损伤的作用机制"等省部级项目正在研究。科研小组不仅为本科生参与"挑战杯"课外学术科技作品竞赛、大学生创业计划竞赛、大学生创新性实验等提供人才支撑，也对学生毕业实习、考研深造、出国留学具有非常重要的意义。

### （四）教育效果

#### 1. 加强学生对科研的认知、科研能力、职业规划教育

"研之行"科技育人系列活动通过搭建本科生进入实验室实习的平台，引导学生养成好学钻研学风，培养学生动手实践能力、科技创新意识，以及实事求是、吃苦耐劳的科研精神，帮助学生提前规划未来，如考研深造、出国留学、做课题科研等，为学生未来从事科研工作打下扎实基础。参与"走进实验室"的全体新生认识了先进的技术设备、培养了科研兴趣，并加快树立了学生的专业意识和专业认同感，提高了学生专业学习的积极性。2018年入学的新疆籍学生热依莱姆在参观实验室后表示："我感受到了医学需要我们不断探索、思考、学习，然后学以致用、终身学习、不停积累。"大二学子积极参与"研之行"科研指导讲座及暑期见习活动，得到进入实验室学习的机会，不但习得科研工作的基础技能和知识，还逐步培养起良好的科研思维，对今后的学习和成长都有较大帮助。通过前两年的培养，高年级学生基本具备分组开展科技实践活动的能力后，将被分别安排到各专家教授的课题组中担任科研小助手，为毕业实习、考研深造、出国留学等个人发展打下坚实基础。

#### 2. 健全学生培养机制

完善本科生科研、实验等培养环节，为全院乃至全校学生提供实验室教育培养平台，集科研认知教育、实验室技能培养教育、科研道路规划教育等于一体，健全学生综合素质培养机制，这也是本科生教育体制的一大突破与创新。该项目得到了学院各教研室导师的肯定与支持，多位教授通过了解面试者的知识水平、学习素养及兴趣爱好，遴选出品学兼优的合适人选加以培养。

#### 3. 丰富科研成果

学生参与"研之行"科技育人系列活动，一方面可以提前适应实验室环境，培养扎实的科研技能，为日后的科研成果产出打好基本功；另一方

面，也可以在课题研究的过程中，为成果的产出贡献心力。2011 年至今，“研之行”科技育人平台教育成果累累，学子共申请国家级项目 11 项、省级 34 项、校级 11 项。

### （五）教育经验总结

“研之行”系列活动产生了“师—生”双向联动、“教学—科研—管理”协同推进的良好效应，形成以管理、实践、拓展、评价等为主要环节的完整流程，完善了学院“科研育人”体系。一方面，校本部各教研室的科研团队从基础学子中选拔了大量优秀人才，为科研工作提供了一定的辅助；另一方面，各年级学生得到了教研室导师们不同程度的指导和帮助，在专业思维的培养、学业成绩的提升和职业生涯的规划上有了更清醒的认识，及时进行考研、就业、实习等方面的安排。

该项目以学院的实验室为主要载体，所获良好成果可以推广到其他学院，通过有效发掘各学院的师资力量和学术科研资源，调动全员投入到育人工作之中，如具有临床名师、名中医、资深法医等特色资源的学院更是可以借助这一模式有效地造育英才。

通过“研之行”系列活动成长起来的优秀学子在求学和就业中表现出色，如有的前往北京大学、复旦大学、中山大学等名校继续深造，也有部分学生留在本校求学直到博士毕业，还有一些学生入职南方医院、华大基因等知名企事业单位。他们体现了南医学子兼具学术性与应用性的特点，既是南方医科大学在科研领域和就业市场中的亮丽名片，也是一代代南医学子最佳的榜样引领。在这些优秀学长学姐的事迹鼓舞下，广大基础医学院学子志存高远、脚踏实地，始终保持着较高的升学率和就业率，既实现了个人的事业追求和人生理想，也维系着基础医学院良好的学习和学术之风。

以项目培养环节改革为切入点，注重项目结构优化升级，推进全员全过程全方位育人，针对不同年级学生的知识结构、兴趣爱好以及科研能力培养需求设计相应的培养方式。这些培养环节虽然在结构层次存在差异，但在内容上前后相互贯通，具有逻辑上的一致性。大一“走进实验室”活动的目的在于通过带新生参观科研环境、与专家教授面对面交流，培养学生的专业认同和科研兴趣；大二“研之行”课外科技小组活动对象为二年级本科生，活动目的在于通过对大二有志参加科研的学生进行面试，选拔素质良好、勤奋踏实的学生进入实验室开始课外科研；大三“课外科研小组"活动鼓励三年级学生积极参加校级以上的课外科研学术活动，保证科研延续性，增强其科研竞争力。

以全程导师制为落脚点，全面提升项目培养质量。以学院的9个省级重点实验室为依托，配合学院PI制改革，实施全学段本科导师制改革。学生在大学一年级第二学期就进入实验室，轮转三个PI团队（每个实验室1个月）后选定1个PI为导师，开展课题研究。学生进入的PI团队与实验室不局限于基础医学院，也可以是学校其他学院或南方医院的PI实验室。这样学生可以更好地与大学的老师广泛接触、沟通和交流，在潜移默化中激发科学研究的兴趣，培养科学人文精神，强化科研创新能力，提高人才培养质量。

# 第三节　爱心护航

习近平总书记指出：“教育是一门‘仁而爱人’的事业，爱是教育的灵魂，没有爱就没有教育。好老师应该是仁师，没有爱心的人不可能成为好老师。”号召广大教师要做“有理想信念、有道德情操、有扎实知识、有仁爱之心”的四有教师。长期以来，学校坚持“以生为本”的工作理念，多维度全方面保障学生的成长成才，建立了完善的心理健康教育工作体系，推进了发展型资助育人模式，让每一个学生不因家庭经济困难失学，让每一个有心理困惑的学生得到持续关注，让每一个学生关心的问题得到及时解决，点滴爱心，伴生成长，用爱心让思政教育流入每一个学生的心田。

## 一、从心做起　助心起航

学校建立心理健康教育与咨询中心，建设了心理咨询室、心理测量室、团体咨询室、沙盘治疗室、生物反馈室、音乐治疗室等咨询功能室，构建了以课程教育、筛查预警、心理咨询、危机干预和主题教育活动为主体的工作体系。

### （一）工作构架完善，工作模式清晰，保证各部门工作有效衔接和联动

建立心理健康教育与咨询四级预警系统，以“校—院—生”为轴心，立体构建由“心理咨询中心—学院二级辅导站—学生心理委员、朋辈心理咨询员—宿舍心理观察员”组成的联动平台。

### （二）必修课、选修课、专题培训等多种心理健康教育模式相结合，满足学生的个性化心理需要

在学生中开设大学生心理健康教育课，覆盖全校学生，主要内容包括适应、挫折、学习、恋爱与性、自我意识、人格、网络成瘾、人际关系、职业生涯规划等专题。同时开设了“走进心理学”“心理学与生活”“电

影中的心理学""性心理学"等心理选修课程，丰富有趣的课程内容及生动灵活的授课方式有效地满足了不同学生对心理健康发展的个性化需要。专题培训的主要内容为心理健康问题的识别以及心理咨询基本技能，使辅导员、学生心理委员、朋辈心理咨询员掌握基本的心理障碍识别、心理危机干预的基本技术以及心理咨询的基本技能。

### （三）学生心理健康问题筛查和动态预警系统的研制，实现精确识别和定位不同心理健康水平学生，特色方法使教育和干预准确高效

在国家科技支撑项目、广东省人文社科重大攻关课题等多个项目的研究支撑下，我校成功研制大学生心理危机的早期预警软件系统、大学生精神疾病守门人行为观察指标体系、大学生抑郁症评定量表等多个大学生心理问题识别和预警的工具，将各校区心理咨询档案整合成可以迅速查找的网络系统，定期对学生进行心理筛查和多渠道动态监测。对不同目标人群，设计有针对性的心理健康教育和团体辅导方案。

### （四）个体和团体心理咨询相结合，及时缓解学生各类心理问题

个体咨询主要针对有适应问题、学习问题、人际关系问题、恋爱与性心理问题、性格与情绪问题、求职与择业问题，以及焦虑症、恐怖症、强迫症等心理疾患的学生。多种主题、多种形式的团体心理辅导主要包括新生适应团体、会心团体、学习压力调适团体、宿舍人际关系团体、正念减压团体、生涯规划团体、就业焦虑团体等。

### （五）心理健康宣传特色主题活动与日常活动相结合，使心理健康活动常态化，学生心理如沐春风

积极心理品质的培养是一个长期积累的过程，我校逐步建立了特色主题活动与日常活动相结合的心理健康宣传平台。借助"5·25"大学生心理健康关爱日、世界精神卫生日、世界睡眠日等，形成了"心理健康投资银行""正念体验日""和谐宿舍""心理剧大赛""心理漫画展""心理绘本"等品牌活动，使心理健康专题活动具有科学性、针对性和实效性。长期鼓励学生进行心理漫画和心理征文创作，并于每个学期评奖一次，有些学生的心理漫画作品在广东省高校大学生原创心理漫画大赛中获奖。

## 二、资助育人，筑梦助人成才

紧紧围绕“立德树人”根本任务，学校积极探索创新资助育人举措，推动保障型资助向成长发展型资助转变。坚持扶贫、扶志相齐并重，帮助学生顺利完成学业，健康成长成才。

### （一）坚持“以德为先”，搭建思想教育平台

组织开展学生诚信、感恩、励志教育，举办“诚信教育主题月”“助学铸人筑梦”、金融知识普及和防诈骗主题教育活动。开设“优秀学子风采展”宣传专栏，发挥榜样引领作用，营造励志成才、争先创优的良好氛围。开展征文、写家书、人物访谈、歌唱比赛、星星点灯等活动，强化受奖助学生的感恩意识和社会责任感。

深入新疆地区开展“筑梦引航工程”之“爱心护航行动”。成立家访工作组，跨越6000公里，历时15天，分赴新疆哈密、吐鲁番、喀什、阿图什等6市12个县，重点走访学习成绩落后的家庭经济困难学生，在宣传国家和政府及学校资助政策的同时，全面了解受访学生的家庭实际情况，有针对性地开展资助帮扶和思想帮扶，搭建家校沟通平台，形成学校、家庭携手育人的合力，以实际行动为少数民族学生排忧解难。

重视心理帮扶。将心理预警与经济资助相结合，通过建立“宿舍长—班级心理委员—学院辅导员—校级心理咨询师”的心理救助体系，为存在心理健康问题的家庭经济困难学生建立健全长效帮扶机制。

### （二）坚持“以学为主”，搭建学业指导平台

设立“筑梦引航——资助家庭经济困难优秀大学生海外研学”夏令营项目。制定《南方医科大学“筑梦引航工程”——家庭经济困难优秀本专科学生赴国（境）外交流学习资助办法》。学校每年选派10人以上的家庭经济困难优秀学生赴国（境）外交流、访问、学习和参加学术活动，学生交流学习期间的费用由学校进行全额资助。通过此项举措，让更多的家庭经济困难优秀学生获得平等、多样、优质的学习教育机会，从而开拓其国际视野，提高其国际竞争力，进一步强化资助育人效果。

创新综合素质测评体系。通过多种渠道鼓励贫困学生既要做到勤奋刻苦，又要勇于创新。针对不少贫困学生专业成绩较高、创新能力较弱、就

业竞争力不强等特点，学校不断完善学生的综合素质测评体系，鼓励贫困学生通过个人申请、自我展示、读书报告、问题答辩、科研评审等环节，在学好专业知识的同时更多参与科研创新，努力成长为高素质创新型人才。

组建学习兴趣沙龙。针对家庭经济困难学生在外语、计算机等方面存在的地域差距，学校通过学生社团积极组织开展英语角、计算机沙龙等专业兴趣小组，鼓励贫困学生积极参与。此外，广大专任教师有针对性地开展专业辅导和结对帮扶，甚至将其吸收到科研团队中培养锻炼。对于极个别因为基础差而多门功课不及格的"双困生"，各学院通过组建"学长制""导师制"等方式，集中全院力量帮助他们顺利完成学业。

### （三）坚持"以生为本"，搭建生活服务平台

合理配置，扩大资助覆盖力度。积极贯彻落实广东省家庭经济困难大学新生资助政策，确保家庭经济困难学生资助全覆盖。在遵循上级政策前提下，学校在全省率先制定出台了《南方医科大学助学贷款奖补专项资金使用管理暂行办法》，进一步提高我校家庭经济困难学生资助覆盖面和每年的生均受助金额，以缓解家庭经济困难学生的生活压力。

强化服务指导，增强就业资助实效。学校为家庭经济困难学生启动"就业直通车"，实行"三优先、三免费"政策，为家庭经济困难毕业生减免部分学费、给予专项奖励和生活补贴，鼓励毕业生服务西部和基层。

### （四）坚持"以能为重"，搭建能力提升平台

#### 1. "微信办事平台"拓展勤工助学

学校设立"微信办事平台"，统筹校内外的勤工助学岗位的发布与选聘，引导贫困学生在自强自立、自力更生中缓解家庭经济压力，并提高自身实践能力。在校内，学校积极推行"资助式勤工助学"模式，每年开辟1000余个勤工助学岗位，安排2000余名家庭经济困难学子上岗锻炼。

#### 2. "创新创业项目"孵化创业精英

学校将爱心资助与创业孵化有机结合，选拔有创业能力和意向的家庭经济困难学生组建经营管理团队。在创业实践的过程中积累经验并设立专项爱心基金，将经营利润用于鼓励、帮助更多的同学，以此作为创业教育的课堂和创业孵化的基地。

#### 3. 大力开展资助政策下乡行活动

每年组织开展"国家资助伴你成长，助学贷款助力成才"下乡行主题

活动，通过大力宣传学生资助政策和广东省学生资助成效，进一步提高学生对资助政策的认知度，让资助政策惠及千家万户，同时广泛开展家庭经济困难学生资助政策调研和生源地助学贷款政策宣传活动，全面掌握我省各地困难学生实际情况，为实施精准学生资助打下坚实基础。

**4. 提升实践能力**

推行《学生课外学术科技竞赛管理办法》，每年设立专项经费，用于奖励在国家、省、市、校等各级学术科技竞赛中获奖的学生，着力培养家庭经济困难学生的创新精神和实践能力。成立创业学院，通过创新项目等形式，对受助学生开展教学和辅导，挖掘受助学生潜力，鼓励自由探索和勇于创新，促进个性发展，在解决家庭经济困难学生基本生活保障、培养学生自立自强意识的同时，使学生的教学、科研、管理能力得到明显提高。

## 三、协同联动，同心育人——大学生心理危机事件应对及启示

近年来，高校大学生心理健康问题日益突出，由心理问题引发的危机事件呈高发频发态势，如何早期预防和有效处理大学生心理危机事件已成为各大高校面临的共同课题。本案例坚持以马克思主义为指导，充分发挥高校辅导员在解决大学生心理危机过程中的关键作用，围绕还原和分析由一名医科院校的大学生心理问题引发的一系列校园危机事件及其解决过程，综合运用心理健康、家校合作、危机预警及处理、卫生健康法律法规等知识与技能，通过抓好早期识别、调查摸排、重点关注、危机应对及后期处理等环节，成功地化解了由心理疾患引发的高校危机事件。

在此次心理危机事件的处理过程中，既遵循“一切为了学生，为了学生的一切，为了一切学生”的工作理念，又坚持以事实为依据、以法律为准绳的工作态度，牢固树立底线思维，严守校园和谐稳定防线，依法律、按规则去关怀、教育学生，成功遏制了危机事件的进一步发展。

当前，学生工作繁杂且经常面临复杂的外部环境，必须坚持全员育人，建立合力育人、协同育人的长效机制，既要遵从科学的工作规律，与同事互相理解、主动沟通与协作，又要妥善处理与学生家长的关系，通过耐心细致的说服工作取得学生家长的理解配合，最终形成教育合力，履行教育义务，为校园危机事件转危为安、促进学生学习和生活平和顺畅、实

现和谐平安校园的建设目标提供保障。

## （一）解决的关键问题

### 1. 疑似心理问题的早期识别与诊断

辅导员要根据专业知识、工作经验进行问题判断，及时请求学校心理咨询中心的专业支持。根据学生心理状况评估结果，判断转介时机，做好转介相关引导工作。

### 2. 家长不愿意接受孩子的异常表现

由于家长对心理问题的认识不够透彻，不愿意接受孩子的异常行为属于心理问题，在转介工作中犹豫迟疑，缺乏主动配合。家长的这些行为一方面会延误孩子的治疗时机、延长康复过程；另一方面，让孩子继续留在学校会给校园带来一定程度的不稳定影响。

### 3. 心理问题学生的学业安排

从心理问题早期征兆出现，到轻度行为异常，再到行为失范，尽管该学生对本专业众多学生的学习生活造成了不同程度的困扰，但学生及其家长始终坚持不休学，要求以不得影响该学生正常学业为前提条件，才同意配合治疗。辅导员必须要对学生的危险状况进行实时评估，同时还需要综合平衡学生个人利益与集体利益的关系。

### 4. 校园危机事件的干预与善后

该学生由于心理问题而产生异常行为，导致班级同学出现一定程度的恐慌心理。辅导员及时与被影响的同学谈心谈话，加强心理疏导，并在班级范围内开展心理健康教育与宣传工作，引导同学们端正对待心理疾病的态度，既消除了同学们的恐慌，也为患病同学治愈后返校学习做了积极的铺垫。

## （二）教育预期目标

### 1. 争取家长配合

以学生身心健康成长为根本立足点，向家长介绍学生在校的异常表现，在专业人员的帮助下分析评估学生心理状况，引导家长正视问题，讲清治疗心理问题的必要性、紧迫性。

### 2. 转介专业心理机构

促使患病学生接受专业诊断，根据诊断结论及其在校表现综合评估该生是否适宜继续在校学习，督促学生遵医嘱按时服药、接受随访及治疗。

**3. 降低校园危机对其他同学的直接或间接伤害**

缓解患病学生由该学生的异常行为引发的恐惧心理，帮助受影响的班级同学舒缓压力，回归正常学习、工作秩序。

**4. 帮助患病学生在专业治疗取得成效后恢复正常校园学习生活**

积极进行多方沟通，制定有针对性的在校学习方案，促成患病学生顺利完成学业，引导朋辈群体共同给予人文关怀。

**5. 正确认识心理健康**

引导患病学生本人、学生家长及其他同学正确认识心理障碍，关注心理健康，预防并干预心理疾病污名化的影响。

### （三）教育方法设计

**1. 畅通信息，制定预警干预方案**

当辅导员初步判断学生可能出现心理危机时，要及时进行评估。建立学生骨干—辅导员、院系学生工作小组—心理咨询中心、学生工作部、学校领导四级工作网络。学生群体对同学的问题一般发现得更早，因此要充分发挥学生骨干的沟通联络作用，发挥人文关怀作用，构建社会支持系统，增强患病学生对疾病的认知和治疗信心。辅导员要发挥沟通协调作用，商定应对方案，为出现心理问题的学生提供政策范围内力所能及的心理疏导、学业辅助等帮助。

**2. 安全第一，迅速赶赴现场**

校园危机事件发生时，关键是第一时间确保当事人及周边人员的稳定与安全。辅导员须在第一时间奔赴现场，并迅速与学院领导、保卫部门、心理咨询中心、学生干部取得联系，共同前往现场应对突发事件。在多方人员的协作下，首先疏散现场无关人员，防止事态扩散；同时获得当事人的信任，安抚其情绪，展开沟通；注意沟通谈判技巧，正面引导，在确保安全的前提下满足其诉求，增强其信心；寻找适当时机，解救被困学生，带离事发区域休息；分别稳定情绪，请心理咨询老师评估学生精神状况，并进行适当处理。

**3. 选择策略，力争家长配合**

安排当事人进行心理状况评估，如果评估结果显示其处于心理危机状态，辅导员要立即与其家长或监护人沟通，在心理咨询专职老师的配合下，向学生家长客观说明目前的情况和可能存在的隐患，辨证说明治疗及干预的必要性，请家长配合学校工作。如果学生的确存在精神疾病发作风险，有伤人或伤己的征兆，而家长坚持不转诊治疗或采取必要措施的话，辅导员需要及时向家长解释《中华人民共和国精神卫生法》第二十八条的规定，疑似精神障碍者发生伤害自身、危害他人安全的行为，或者有伤害自身、危害他人安全的危险的，所在单位可以将其送往医疗机构进行精神障碍诊断。解释要有理有节、有据可依，要求家长必须来校配合处理，否则将按相关规定合法依规进行处理。

**4．过程管理，持续跟踪疏导**

帮助出现心理问题的学生渡过心理危机并进一步顺利成长，是一个长期工程。学生在校学习过程中，应当在班学生干部的协助下，建立其良好的社会支持系统。辅导员开展经常性谈心谈话，关心其身心健康、人际交往、学业及思想状况。尤其是因精神障碍休学治疗的学生，要督促其谨遵医嘱，坚持规范的医药治疗和必要的心理咨询。治疗后短时间内的好转容易使学生及家长放松认识，出现自行停药的行为，而这很可能使病情加剧。因此，必须要做好跟踪与告诫工作。学生康复后申请复学，必须提供正规医院开具的诊断证明，并与家长签订相关责任协议，同时保障学校、家长、辅导员三方权益。

**5．普及心理知识，个体与群体相结合**

除建议出现心理问题的学生尽快就医外，辅导员应与心理咨询老师共同合作，把心理咨询相关方法技巧应用到工作中，帮助当事人走出困境，提高自我调节能力。同时，在大学生及其家长中宣传普及心理健康知识和求助意识，心理健康和身体健康一样重要，遭遇心理危机并不羞耻，必要的求助是强者的表现。

### （四）教育成效

通过一系列教育、引导、协调工作，本案例较好达成了以下积极效果。

（1）对家长有帮助——增强了家长的心理健康意识，更好地接纳及正视孩子出现的心理问题，配合学校共同干预学生心理危机。

（2）对学生有帮助——促进了当事人自我觉察能力发展，缓解其学业紧张感，使其安心接受专业治疗，并顺利回归校园，继续学业。

（3）对学生群体有帮助——拓展了学生群体对心理健康的认识，帮助其理解心理危机下产生的行为偏差，发挥人文关怀精神，共同为当事人提供社会支持。

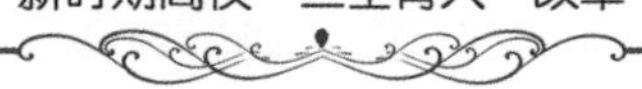

### （五）教育经验总结

**1. 健全心理危机干预工作指引，完善心理问题识别与干预机制**

心理危机早期征兆往往很难被及时发现，因为其难以与闹脾气区分而容易被忽视。学校应指导学院、心理咨询中心制定规范、科学、有效的心理危机干预工作制度，理顺各部门协同工作机制，制定清晰的相关工作指引，确保在危机突发时，辅导员可以在专业指导下做好危机应对工作。同时，要发挥好学生骨干作用。学生骨干来自学生群体，他们往往能够及时发现异常情况，在有需要时及时反馈给辅导员。因此，应该加强学生干部队伍建设，尤其是重视心理委员队伍素质培训，提供规范的工作职责内容、心理健康知识、危机识别与处理、与人沟通技巧等方面的教育引导。

**2. 借力打力，促进家校沟通与常态化协作**

辅导员要保持同理心，与家长进行必要的辅导谈心。辅导员一定要坚持底线，全力促进学生身心健康成长，学会借力打力，借助心理咨询专职教师、医院医生的专业知识和力量，整合资源然后去做家长的沟通工作，取得家长的信任。帮助家长接受学生心理危机状态，理解问题成因，改善家庭内部沟通模式，从而形成良好的家庭支持系统。辅导员应坚持发展性与预防性相结合，在日常工作中加强家校沟通，聚焦大学生常见问题及应对方法，进行预见性讲解宣传。

**3. 大学生心理危机干预工作要求知法、守法、用法**

《中华人民共和国精神卫生法》为高校学生工作群体开展精神卫生服务工作提供了法律依据。辅导员需要认真学习相关法律，并借助法律的力量推动危机干预工作落地。另外，需要对高校学生工作群体和家长进行普法宣传，只有对法律有充分认识，才能进一步明确家庭和学校在教育服务上的权利、义务及责任，更好地形成家校教育共同体。

**4. 普及心理健康教育，促进心理疾病去污名化**

引导学生自我接纳，促进家长配合危机干预，拉近同学之间的距离，是辅导员处理心理危机事件的难点。因此，辅导员要坚持解决思想问题与解决实际问题相结合。一方面，要有效发挥协同育人的力量，对学生、家长进行正确引导，切实处理好当下危机事件；另一方面，要增强自身专业素养，借助学校、心理咨询中心、医院、政府部门等力量，深化心理健康教育，不断提高学生心理健康知识认知水平及问题识别能力，消除对特殊群体的偏见。

## 四、学生心理危机干预策略探究

近年来，学生因学业、人际交往、情感、家庭及就业求职等的不和谐与压力而产生负面心理情绪、陷入心理危机的现象越来越多。心理危机已成为影响大学生个体发展和学校稳定的重要因素。因此，如何有效预防和处理大学生心理危机突发事件是高校面临的重点问题。下面结合实际工作中遇到的大学生心理危机突发案例进行分析，为高校教育管理工作中如何对心理危机进行积极有效的干预提供对策与思考，探讨构建切实可行的心理危机预防与干预机制。

### （一）教育预期目标

通过学校—学院—班级—宿舍的四级心理危机预警体系建设，结合心理委员朋辈队伍，实施特色的心理健康"守门人"预警机制，通过工作经验总结出的危机处理流程，对心理危机的发生进行高效的处理和监护。同时，高校辅导员是最基层的学生工作者，与大学生联系最为紧密，对大学生心理健康成长发挥着重要作用。因此，加强辅导员在大学生心理危机事件中的干预能力，对大学生的成长成才和高校的和谐稳定有着重大意义。

在已有案例的基础上，总结过往的经验教训，分析当前存在的问题，进一步探讨大学生心理危机预警和干预的有效机制。在后续工作中，结合实际情况开展更多贴合大学生心理健康状况的实践活动，通过实践活动进一步提高学生心理健康素质、心理健康保健能力等。同时，在辅导员、心理委员工作的基础上，进一步与心理专业教师、专业心理机构交流合作，构建一个全方面、高效迅速、有效解决学生心理问题的体系，培养建设一支影响范围广、业务能力强的朋辈团队，发挥朋辈团队的作用，更全面、更深入地观察和发现学生的心理危机问题。

进一步完善和发挥"守门人"预警机制作用，在学校—学院—班级—宿舍的心理危机预警体系中起到更为关键的作用；同时，进一步完善对相关学生的处理和转介流程，畅通学校到医院的通道，实现及时、妥善的转介处理。

### （二）心理危机干预的体制构建及方法实践

#### 1. 建立大学生动态心理危机档案

新生入学时，即给他们建立心理危机档案，通过心理健康状况普查、

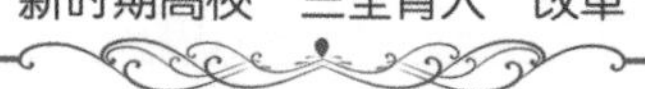

学生基本情况调查表、家庭经济困难学生认定谈话、辅导员开展谈心谈话等方式，妥善搜集、保存学生心理健康相关数据，认真记录谈话内容和日常观察结果，建立学生心理危机档案，确定心理危机预警指标和心理危机潜在指标。以下几类学生存在心理危险性，将纳入心理危机预警数据库，安排监护学生并给予特别关注：患有或曾患有精神分裂症、抑郁症等精神类疾病学生；有过自杀行为，包括家人有过自杀或自杀未遂者，曾有过自杀的议论、记叙者；患有严重心理问题，包括严重失眠、严重归罪感或自责感、情绪持续低落者；有明显人格障碍者；面临退学或降级、身患重大疾病、就业无望者；失恋、人际关系紧张、重要亲人突然离世等无法应对者；出现行为反常者，如异常焦虑、高度紧张、恐惧、发生情感冲突、给家人或同学不明原因送礼物，诉述告别话者。学业预警（面临降级或存在降级风险）、不完整家庭（包括离异、单亲、再婚家庭）、人际关系紧张、家庭矛盾（包括父母矛盾大，孩子与父母关系紧张），心理普查异常、曾进行心理咨询、同性恋、家庭经济困难生、身体重大疾病者可能存在或潜在心理危机。学生心理危机档案的收集，以及随时补充、动态调整和更新，可以充分反映学生的心理变化，有助于辅导员掌握学生不同时期的心理状态，及时发现问题并开展针对性辅导教育，切实做到心理问题早发现、早预防、早化解。因此，建立和利用大学生心理危机档案，对辅导员开展大学生心理健康教育起到重要的作用。

**2. 敏锐观察，及时识别，做好心理危机监护**

利用“学院—班级—宿舍”三级管理体系进行大学生心理健康排查，筛出曾经存在、可能存在或潜在发生心理危机的学生群体；同时，利用心理委员团队对有发生心理危机潜在风险的同学进行观察和监护，并以月报的形式反馈给辅导员。从事学生管理工作的辅导员，必须具备快速的反应能力、敏锐的观察力，善于思考，能从学生行为和表情中敏锐地察觉到学生的异常行为，做到第一时间发现并识别心理危机事件。同时，我们须及时了解大学生的心理健康需求，可有针对性地开展大学生心理健康教育。大学生心理健康教育必须达到范围广、程度深、专业强的要求，尽可能使大学生正确面对心理健康的相关问题，使学生能及时发现自己或周围同学的心理危机状况，并积极求助专业渠道，减少因心理健康知识不足而导致的心理危机状况处理的延误。

**3. 多部门协调合作，多人员全面参与，构造学校、家庭双主体的大学生心理危机防护体系**

有心理学家认为，在心理危机干预工作中，实现学校为主、家庭配合、社会参与的多方面支持干预体系，能够为学生成长成才提供重要的保障。学校是大学生的主要活动场所，也是心理危机高发区，因此，构建心理危机防护体系是高校心理健康教育的重要环节。学校学生处、辅导员、班主任、心理健康教育与咨询中心、学生公寓、保卫部门、心理委员及班级同学等人员与机构，多人员统一行动，协调配合，深入学生，争取第一时间发现异常状况，已成为心理危机工作的基石和保障。建立和落实一套行之有效的心理危机处理流程，从发现心理危机状况开始，第一时间落实学生谈话、搜集相关信息、联络家长、上报学校各部门等相关措施，同时通过心理健康教育与咨询中心尽快评估心理危机学生当前状况，畅通学校到专科医院的诊疗通道，让心理危机学生及时得到专业的帮助与诊治。

## 五、当学生青春期遇上严厉的辅导员

小木同学入学以来主要有以下适应问题：一是入学适应问题。小木暑假在新生 QQ 群里表达对学校的各种不满，在班会课上，面对学校管理规章制度和军训要求，她满脸不屑和鄙夷，当面提出质疑。辅导员意识到面对养尊处优、恰逢青春期的学生不能心慈手软，一味地迁就只会让她得寸进尺，不利于年级的管理，于是拿出《学生手册》严厉地批评教育她。二是环境适应问题。军训开始后，小木身上就长了红疹，红疹带来的满身刺痒令她彻夜未眠。隔天，一向趾高气扬的小木主动去问辅导员，长了红疹该怎么办。她表示不习惯广州的夏天，"湿热""身上黏糊糊""很难受"，同时提到很担心军训时身体吃不消。三是心理适应问题。新生报到时小木提交了贫困证明，辅导员打量着她，妆容很浓，鞋跟很高，穿着打扮不像家庭经济困难生。小木每天都花很多时间在化妆上，以至于总是迟到。辅导员告诉她要注意形象，不要有太夸张的装扮，她依旧理直气壮表示"不用你管"。开学时，辅导员约她单独谈话，总是遭到拒绝。小木经常独来独往，她觉得"身边讲粤语的人太多了，感觉被排斥了"。四是学习适应问题。辅导员整理档案时发现，小木的学业档案显示有不少旷课、请假记录。失恋使她更加怀疑自己来广州读书的正确性，学业倦怠现象明显。

### （一）案例分析

#### 1. 心理适应问题的特殊性

小木从外地来到广州，离开了土生土长的环境，改变了生活空间，无

论是外显的语言交际、生活习俗，还是内在的行为准则、思维模式等都受到了冲击，各种不适应不仅是由家庭、学校教育和自身成长所致，还由于在文化适应过程中的特殊性。这种由文化冲击引起的心理不适应导致小木入学时变得迷茫、情绪低落、孤独无助、焦虑烦躁。

**2. 青年自身发展的规律性**

青年身心发展有其规律性，叛逆是青少年成长过程中的一种心理状态。大学正是青年社会化最为关键的时期，许多人生和生活问题都会在这一时期出现，因而引发相关的心理问题。小木与其他同学相比，年龄小，心智不成熟，恰好处于叛逆期。当叛逆期恰好遇上大学入学适应期，这种叛逆现象将表现得更加明显，如对不良倾向产生情感认同、对遵章守纪要求消极抵抗，其对宿舍和学校规章制度的抵触情绪、对辅导员的质疑和不屑正是例证。

**3. 理想与目标的模糊性**

从平时和小木的交流得知，她入学前对专业不了解，入学后对专业认识有误区，没能发展自己的专业兴趣。没有明确的理想和目标，也就失去了学习动力，导致自我约束和管理能力不足。加上远离家乡，心理和感情上的“断乳”现象更加剧了小木的迷茫。

### （二）解决方案

**1. 发自肺腑，关心爱护**

青春期的孩子思想上容易动荡，情绪经常起伏。辅导员反思了工作中“严格、严厉、严肃”的“三严”状态，慢慢地转变工作方法。在日常生活中，更加注重严慈有度，严格执行规章制度，从衣食住行到思想动态都投以最大的关心。尤其是节假日同学都回家的时候，辅导员会找小木一起过节，让她感受到家人的温暖，理解辅导员对她的关爱之情，同时也让辅导员更深入了解小木家乡的风俗习惯。正如小木后来跟辅导员说的：“一开始我跟同学吐槽了无数次你的严格，后来才发现你真的很好很有爱。”

**2. 朋辈互助，引导帮带**

“用青年影响青年”，这就是朋辈教育的力量。辅导员从自身思想政治教育专业出发，善于利用专业优势，引导学生开展朋辈互助，促进学生共同成长成才。小木学习和生活习惯仍然有待改善，如纪律观念淡薄、时间观念差、学习效率低、生活不规律等。辅导员把她迟到的次数记下，用事实提醒她守时的重要性，同时安排学习委员一对一帮带，帮助她调整学习策略、克服学习上的困难。生活上，辅导员告诉同班同学和同宿舍的同学，要多关心她、引导她、帮助她。从后来小木和全班同学关系亲密、相处融洽的情况来看，辅导员的做法是正确的。

**3. 善于发现，赞赏激励**

赞美的力量至柔也至强，能让人信心百倍、一往无前。辅导员正是运用赞赏和激励的方法来激发学生的动机和热情。虽然小木学习成绩不突出，但艺术才能显露，能歌善舞。于是，辅导员鼓励她走上舞台。入学以来，她已经参演《小宅门》《东方球王》等多部微电影。小木在辅导员的多次接触和引导下变得越来越自信，不再需要靠浓妆艳抹来掩盖内心的自卑。她积极参加志愿服务活动并被评为"服务之星"，受到学院领导的当众表扬。双手接过荣誉证书的时候，她笑得很灿烂。

**4. 多方联手，形成合力**

学校、家庭和社会三位一体，形成教育合力，是现代教育的现实需要，是大学生培养的重要模式。从新生报到开始，学校和学院领导就多次开展新生座谈会，关心他们的学习和生活，全面了解他们以便更好地走进他们。同时辅导员注重家校合作，多次与小木的家长联系，力求全方位、全程育人，服务到位，支撑有力。在我们和小木的共同努力下，她乐观开朗，慢慢褪去开学时的叛逆。最近一次聊天，小木笑着说"老师，下次出去表演，我带上你吧"。内心认同，心里交融，辅导员做到了，并且赢得了小木的尊重和热情。

### （三）教育经验总结

**1. 学生积极调适与辅导员针对性引导相结合，形成心理认同**

面对新环境，学生自身要积极调适，以乐观的生活态度和良好的心态面对新挑战，不但能够更好更快地适应新环境，还能取得理想的成绩，收获良好的人际关系。学生在融入校园的过程中，由于学习、生活、文化等各方面的压力，容易出现心理适应问题。因此，辅导员应主动关怀学生，引导他们积极调适、主动调整，帮助他们掌握一些简单的自我心理调适的方法、技巧，使他们遇到问题时能开展积极的心理调适，有效化解不良情绪。同时，学校采取有效措施在精神上和物质上给予他们一定的帮助，增强学生的归属感和心理认同感。

**2. 学生认同文化多样性与学校实施文化关怀相结合，强化文化认同**

学生进入高校之后，要能够理性地对待文化的变迁和融合，入乡随俗

才能更好地适应高校生活。同时，学校应实施积极的文化关怀，允许学生保留本民族传统，通过庆祝本民族节日、同乡聚会等活动回归自己的民族生活。结合学生因文化上的差异而造成的学习、生活上的各种障碍，采取针对性措施进行扶助、给予文化帮助，增强他们的文化适应和文化认同。

**3．学生主动确立目标与学校生涯规划教育相结合，助推学习认同**

学业压力大是导致学生心理压力大、难以融入校园生活的首要问题。学习上的不适应更加剧了理想与目标的模糊性。学生应主动适应学校的一般课程，寻找适合自己的学习方式，根据自身实际制定计划，确立目标。学校要加强对学生的专业学习辅导和学业规划指引；任课教师、辅导员加强对学生的学习辅导；同时，利用朋辈互助，在教育过程中给予他们更多的照顾，帮助他们提前规划学业，循序渐进地展开学习。

# 第四节　榜样导航

榜样的力量是无穷的，在无形之中传递着正能量；它也是闪耀着光芒的灯塔，在迷茫时指引着我们阔步向前。习近平总书记曾在多个场合分享他的青春成长故事："15 岁，知青下乡，陕北插队；22 岁，走出窑洞，清华求学；26 岁，大学毕业，在京工作；28 岁，扎根正定，力推农改；32 岁，厦门履新，深入基层……"以迎难而上的勇气面对逆境和挫折，以积极进取的态度突破重重考验，以勇于担当的精神立足本职工作，这便是习近平总书记为我们树立的榜样。

"每一代青年都有自己的际遇和机缘，都要在自己所处的时代条件下谋划人生、创造历史。"战斗英雄邱少云、董存瑞，激励着革命人不怕困难、不惧牺牲，用宝贵的生命践行对党、对人民的初心和誓言；雷锋精神，引导全党、全社会弘扬助人为乐的奉献精神和干一行爱一行、专一行精一行的敬业精神；女排精神，激发了人们顽强拼搏、为国争光的热情和自豪。南医人身边亦活跃着一大批生动鲜活的榜样，都在用平凡故事讲述深刻道理，用模范事迹诠释崇高理想，用他们的担当、行动和追求，汇聚成时代最强音。

古人云："以铜为镜，可以正衣冠；以古为镜，可以知兴替；以人为镜，可以明得失。"走近学习榜样，汲取榜样力量，它让我们在学习和生活中有了一面"镜子"，引导我们从中见贤思齐。伟大的时代呼唤伟大精神，崇高的事业需要榜样引领，让"榜样"成为南医青年前进路上的引领者，引导我们坚守初心、坚定信仰，敢于担当、敬业奉献，勇做走在时代前列的弄潮儿，努力在实现中华民族伟大复兴的中国梦的生动实践中放飞青春梦想。

## 为梦想全力以赴

"既投身医海，必全力以赴"这个实实在在的梦想和愿望是惠佳亮的导向标，让他在大学生涯中潜心科研、热心公益。在校期间他撰写 SCI 论

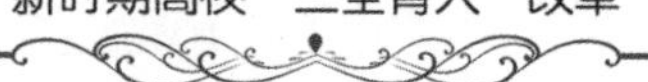

文16篇；积极投身于各类竞赛，多次在“挑战杯”等大赛中获国家级、省级奖项。

2017年，其投稿摘要被亚太肝病年会组委会接收，受邀出席第26届亚太肝病年会并做题为“Virtual CT Imaging-basedPrediction of Portal Pressure Gradient”的口头报告，同时，以课题“基于虚拟肝静脉压力梯度新技术的硬化门高无创诊断研究”申报广东省“攀登计划”科技创新培育计划，通过重点项目审查，获得直接研究经费4.5万元。其课题通过结合三维模型重建、有限元分析和流体力学仿真技术，为肝硬化门脉高压的无创诊断提供了一种新的检测手段。通过与临床实践门脉高压的诊断金标准相比较，进一步验证了该无创新技术的准确性和诊断价值。在临床应用、疾病诊断与筛查中有极为重要的意义。他还参与国家自然科学基金2项，广州市产学研协同创新重大专项、国家级大学生创新项目等多项科研基金。

大三由国防科技大学回到校本部后，他主动提前联系基础科研导师，在学习之余积极投身于科研工作，在法医学院参与“甲基苯丙胺神经毒性作用”相关课题，参与2项国家自然科学基金的申报与完成，以3篇SCI论文的满意成果为他为期2年的基础科研阶段画上圆满句号。同时，作为参与人，成功申报广州市产学研协同创新重大专项，获批科研经费200万元，以及参与南方医科大学科技开发培育计划、大学生创新创业计划（国家级）。在完成基础科研的同时，他热心医学教育教学，参与创立“南方医科大学临床技能协会”，并以此再次成功申报大学生创新项目1项。目前，他参与设计与制作的执业医师临床技能考核微课正在制作中。

在积极参与医学研究的同时，他将科研成果有效转化，以科研论文的形式发表，获得国内外同行的审阅与认可。本科期间他参与研究并撰写SCI论文16篇，其中已录用8篇，在投8篇，其中第一作者3篇。

他在“挑战杯”等学术竞赛中多次荣获国家级、省级奖项，多次获得校“优秀学生”“优秀团员”“优秀团干”等荣誉称号。2017年，他所带领的团队在第十四届“挑战杯”广东大学生课外学术科技作品竞赛中斩获特等奖，并获得第十五届“挑战杯”全国大学生课外学术科技作品竞赛三等奖。同时，其团队还曾获得“挑战杯　创青春”广东大学生创业大赛银奖以及第二届中国“互联网+”大学生创新创业大赛“青聘果杯”广东省分赛铜奖。在2012—2017年多次获得南方医科大学“优秀学生”“优秀团员”“优秀团干”等荣誉称号，并多次担任南方医院学生处助理。

他还积极参与社团活动，任第六届八年制青年医师协会主席及第一届临床技能协会副主席。在青医协工作期间，他积极与广州37度公益促进会合作，参与中国福利基金会919大病救助活动，加入919大病救助华南平台。在医院实习期间，他积极协助有需要的患者联系中国福利基金会沟通救助事宜，让患者获得有效救治。并作为志愿者，在实习期间用心发现需要帮助的家庭，为患者的康复提供自己的能量。

**人物简介：**

惠佳亮，男，南方医科大学临床医学八年制（本硕博连读）2012级学生，广东省转化医学学会会员。获"2017年广东大学生年度人物""2018年度中国大学生自强之星"等荣誉称号。

## 不忘初心，坚持健康到"胃"

胃癌是全球发病率排名第二的高发恶性肿瘤，中国占全球发病总人数的42%，每年新发逾40万例。尽管规范、完整的根治手术联合辅助化疗治疗模式可大大改善胃癌患者生存预后，但肿瘤治疗的两大主要目标是"活得久"并"活得好"。瞄准这一方向，郭伟洪在临床工作中主动积极探索，钻研胃切除术后微量元素吸收新机制，以及针对胃癌术后特殊人群研发肠内/肿瘤双重靶向性丝胶蛋白纳米药物，探索其在胃肠癌精准治疗领域上的广泛应用前景。

郭伟洪刻苦锻炼科研能力，坚持健康到"胃"。他在2018年间以第一作者发表国际高水平SCI杂志四篇（总影响因子超过17）；在2017—2019年受邀参加国际胃癌大会，并进行多个壁报展示及口头汇报，得到国际同行认可；他积极转化科研成果，2017年带领团队参加第六届中国创业创新大赛，荣获全国三等奖；目前，他已成功申请八项国家发明专利及实用新型专利。他兢兢业业，不懈探索新领域，积极参与多学科交流合作，担任中国抗癌协会肿瘤流行病学专业委员会学生委员、中国抗癌协会大肠癌专业委员会学生委员等多项职务，并作为*E-J Transl Med*、*Frontiers in Bioscience*、*Nanomedicine*等杂志的年编委及审稿人。

**1. 探索发明专利，解密"胃"之营养**

郭伟洪所在单位是国家临床重点专科——南方医科大学南方医院普通

外科。作为中国腹腔镜胃肠外科研究组（CLASS）的一员，他近3年来积极参与CLASS系列首个全国多中心前瞻性随机对照临床研究，进行胃癌淋巴结规范挑选、胃癌患者临床数据记录及不间断的随访，为规范我国进展期胃癌微创外科治疗、提高手术疗效贡献了当前最高级别的循证依据，同时基于临床难题成功申报4项发明专利。

手术切除可改善胃癌患者的生存预后，但胃切除后人体维生素$B_{12}$正常营养吸收代谢规律将会发生严重紊乱，不及时干预可导致神经炎、恶性贫血等不可逆转的损害，严重影响生活质量。他心系这一广大胃癌术后群体，自研究生期间，郭伟洪即开始从事“胃切除术后维生素$B_{12}$肠吸收新机制”相关临床及基础研究。他创新性地发现全胃切除后的患者机体可能通过小肠黏膜的丝氨酸蛋白酶38介导$VB_{12}$肠内吸收，揭示胃切除术后患者维生素$B_{12}$的肠内吸收新机制，为维生素$B_{12}$吸收代谢以及维生素$B_{12}$缺乏人群的营养干预提供理论基础。与此同时，为了进一步在可视化条件下验证维生素$B_{12}$的肠内吸收靶向性及肿瘤吸收靶向性，他积极主动寻找合作单位，最后与美国希望之城国家医疗中心、中山大学高分子材料研究所、香港科技大学等国内和国（境）外高水平单位进行钻研探索，最终突破性地构建荧光标记型维生素$B_{12}$。目前，该研究获得南方医科大学科研启动计划（第一参与者）及国家自然基金（前三参与者）课题资助，并申请国家发明专利（FITC标记的维生素$B_{12}$衍生物及其合成方法与应用，201710089234.1，第二发明人）。

**2. 突破化疗耐药，“胃癌”精准治疗**

进展期胃癌的术后生存率仍不乐观，其中一个主要原因在于：吸收入血的传统化疗药物缺乏肿瘤特异靶向性，在胃癌难以达到控制癌细胞生长的有效浓度。探索一种针对胃癌人群的兼备高效肿瘤靶向新剂型药物，实现癌灶局部同步热、化疗多元化策略，是提高胃癌化疗有效率、改善胃癌患者预后的有效手段。基于此，郭伟洪积极查阅相关文献，采用新型纳米材料包裹的海藻酸钠/丝胶蛋白/氧化石墨烯作为稳定载体，结合吲哚菁绿（ICG）或IR780热疗媒介，与5-氟尿嘧啶（5-FU）或紫杉醇（PTX）经典化疗药物，偶联维生素$B_{12}$作为肠内吸收的靶向引导介质，成功合成了基于维生素$B_{12}$受体靶向纳米药物递送系统。他提出科学假设：联合该复合物具有的可视性、肿瘤靶向性，该复合物可能在胃癌新型靶向同步热化疗方面产生积极意义。

他多次受邀在国内外大会进行展示并获高度点评；以第一作者署名发

表于 *BBRC*（三区）、*Drug Delivery*（二区）、*Nanomedicine*（二区）及 *Journal of Cancer*（三区）；作为核心发明人将系列研究转化成 3 项国家发明专利；作为核心骨干获得广东省自然科学杰出青年基金、广州市珠江科技新星、南方医院杰出青年培育计划等系列研究的相关专项资助。

医之为道，非精不能明其理，非博不能致其得。作为新时代的医学生，郭伟洪始终秉承学校"博学笃行　尚德济世"的校训精神，不忘初心、上下求索，用青春和热血助力"健康中国"，用激情和汗水谱写"中国梦"的奋斗篇章。

**人物简介：**

郭伟洪，男，南方医科大学第一临床医学院外科学（普外）2016 级博士研究生。获"2018 年广东大学生年度人物"等荣誉称号。

## 逐梦而行

蔡少仪是家中长女，父亲早逝，但她不向命运屈服，逐梦而行，承担使命，竭力奋斗，展现出新时代大学生独有的风貌和气质。"即便生活给了我各种阻碍，可我仍然努力开启一个新世界"——她在校学习成绩专业排名第一，曾多次获国家励志奖学金、校奖学金，2017 年 9 月被推免至中山大学医学院就读研究生。她热爱科研，是国家级"大创"项目负责人，以第一作者发表 SCI 论文 1 篇，以第二作者发表中文论文 1 篇。蔡少仪还曾担任药学院第十届科学技术与创新协会主席及学院行政助理，获广东省"优秀学生干部"称号。

她是图书馆的常客，亦是师生眼中的学霸。大学四年最终绩点 3.46/5.0，位居专业第一，连续三年获得国家励志奖学金、南方医科大学校奖学金、"优秀学生"等荣誉称号。不仅如此，她钟爱英语，大学英语六级考试 539 分，为今后的科研事业打下了坚实的基础。

"不求止于至善，但求无愧于心"是她的座右铭，鞭策着她不断前行。在 2017 年 6 月，她在中山大学医学院优秀大学生夏令营活动中，因表现优秀，被评为优秀营员。同年 9 月，她以专业第一的总成绩获得药学院推荐 2018 年免试攻读研究生资格，最终被中山大学医学院录取。"没有过人的聪慧，没有富裕的条件，常怀一颗赤子之心、拼搏之心"，她就是同学

心中的榜样。

她不仅专业知识扎实，而且十分热爱科研。她常利用课余时间和寒暑假去实验室做实验、搞科研。为了督促自己，她给自己定下规定：每周来实验室的时间不少于15小时。有时候，为了某一个实验数据，她常常做实验到深夜，甚至一夜未眠。

为了更好地了解药学学生的就业前景，她利用假期调研我院毕业生的就业情况，撰写的《药学生的现在与未来》一文被院团委评为优秀论文。受益于学院的“导师制度”和“弹性实习制度”，她以第二作者身份在《广东化工》（2017年10月）发表《本科生参与药物化学课题研究的体会》；在国家级大学生大创项目“肿瘤免疫调节剂的发展及其机理研究”（2016—2018年）中，她作为负责人，以第一作者身份在*Bioorganic & Medicinal Chemistry*杂志上发表SCI论文1篇。

在她的心中，不仅有“小我”，更有她生活的集体。她曾担任药学院科学技术创新协会主席、药学院年级行政助理。身为科创主席，她推动学院学生积极参与科研活动、志愿服务，服务师生，并受到一致好评。作为年级行政助理，她展现出卓越的组织能力，将学生骨干紧密团结在老师身边，带领大家一起落实好学校的各项工作。因为虚心求教，甘于奉献，深得同学拥戴，群众基础极好。她是一名平凡的学生干部，也是一名平凡的学生党员。她知行合一，以学习为己任，充分发挥先锋党员的模范带头作用。

**人物简介：**

蔡少仪，女，中共党员，南方医科大学药学院药学（临床药学）2014级学生。获“2017年广东大学生年度人物”提名奖。

## 行创新精神　扬艺术风采　谱青春乐章

“谦谦君子，温润如玉”，这是在王一帆第一次参加演讲比赛时，评委指导老师给予他的评价。作为一位学习中药的学生，他即秉承了中医药人的沉稳，又不失青年的活力，这一特点使得他在大学里能够潜心学业，文体并济。在校期间他积极参加文体科创活动，在国家级及省市级比赛中多次获奖。

在创新方面，他有丰富的经验。2017年，他参与了广州市人力资源和社会保障局第六届"赢在广州"大学生创业比赛。此次比赛的参赛团队来自珠三角以及港澳台地区各高校以及企业。他们团队的产品是国内首创的纯中药足膜系列产品，旨在缓解现代快节奏生活下的亚健康问题。在比赛筹备阶段，他和队友们实地走访了多家药企工厂，掌握了产品生产流程，并与这些企业建立了合作关系，做好了比赛的前期准备。之后，在全国名老中医师承制导师臧堃堂的指导下，他和队友们认真钻研产品配方。最后，在团队成员的共同努力下，经过激烈的角逐，他所在的团队从入围复赛的146支队伍中脱颖而出，最终成为获得金奖的两支队伍之一。

同年，他还代表学校参加了第三届"互联网+"青年红色逐梦之旅。在延安活动期间，创业团队一起向习近平总书记汇报了参加"青年红色筑梦之旅"实践的活动感受，表示要像青年时代的习总书记学习，坚定为人民服务的信念，立下为祖国、为人民无私奉献的志向，把自己的创新创业梦融入伟大的中国梦，用青春和理想谱写信仰和奋斗之歌。随后，他们收到了习近平总书记的回信："希望你们扎根中国大地了解国情民情，在创新创业中增长智慧才干，在艰苦奋斗中锤炼意志品质，在亿万人民为实现中国梦而进行的伟大奋斗中实现人生价值，用青春书写无愧于时代、无愧于历史的华彩篇章。"

在学生干部工作方面，从大一开始，他一直担任班长，把班级管理得井井有条，被评为"优秀学生骨干"和校级"优秀学生"。大二时，他担任了校MU音乐联盟社长，其间，该社团被评为全校唯一新晋"五星级社团"，并在该年度获得了广东省"优秀社团"的荣誉。大三时，他拍摄了班级的宣传视频和中药学习生活视频《药香》，为中医中药的传播提供了新思路与新模式。

在文体活动方面，他除了参加音乐社团和校器乐队，还参加了各项文化类比赛，并多次获奖。在2016年的新生杯游泳比赛中，作为团队成员获得了男子蛙泳接力亚军；2017年参加了"和谐之音"艺术大赛，获得佛山市钢琴青年组一等奖；2018年获得亚洲音乐家协会"亚洲国际艺术大赛"钢琴四手联弹中国赛区一等奖；2019年元旦，他带领社团参与研究生院元旦晚会，获得了著名钢琴家马克西姆的鼓励。

在科研及学业方面，他积极参与大学生创新课题：2017年参与了"深海真菌 Asperillus Niger MCCC T71"抗肿瘤活性成分的研究，负责运用色谱法分离有效单体，帮助展开后续抗肿瘤药理学实验；2018年在院药

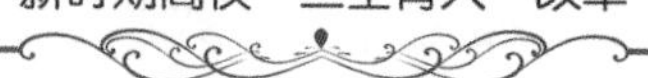

剂学教授的指导下独立设计并完成了“藏桃花系列化妆品开发”的课题，运用 A－TOC 法以及 CCK8 细胞实验对比其与普通桃花特性，并进行后续的针对性开发。在学习方面，他在 2018 年取得了 UKVI 学术类雅思 7.0 分，接到港澳及英国多所大学的录取通知，最终选择了赴英国诺丁汉大学攻读 Drug Discovery and Pharmaceutical Science 专业硕士。

“秉神农百草之诚，创现代中药之新”，这是他在中医药领域创新创业的期许；“心底对音乐与艺术的热忱”，这是他参与文艺活动的初衷；“相逢不易，如家相待”，这是他领导班级的精心经营。

**人物简介：**

王一帆，男，中共党员，南方医科大学中医药学院中药制药 2015 级学生，国家高级健康管理师。获“2018 年广东大学生年度人物”提名奖。

## 努力拼搏追逐医学梦

成为一名优秀的医生是杨逸成从小设立的目标，来到南方医科大学是他迈向梦想的第一步。为了建立坚实的医学知识体系、实现医学梦，他在大学本科期间努力拼搏，大二学年综合成绩第一，转入临床医学新专业。“医者仁术亦仁心”，转入新专业后他保持一贯积极认真的态度，努力学习专业知识和培养医学素养，自习室和图书馆留下了他拼搏的身影，在本科期间荣获国家奖学金、多项校级奖学金。怀揣着一颗治病救人的心，他在临床工作中无微不至，关心和爱护患者，为患者带去温暖和力量。

**1. 仰望星空亦脚踏实地**

有了梦想还须脚踏实地。要成为一名优秀的医生，必须具备一定的科研能力。每学期杨逸成会给自己设立阶段性目标，不断向优秀的同学学习。为了培养自己的课外科研能力，杨逸成积极参与省级大创课题，同时加入黄泳、赵卫等老师的课题组中，学习实验基本技能。目前，他已发表中文期刊文章 3 篇，在投 1 篇，同时以共同第一作者身份撰写的探究针灸与高血压关系的 SCI 原著论文已接收，1 篇关于缺陷干扰颗粒和 1 篇探究免疫评分与肺癌预后相关性的 SCI 文章均在投。

作为医学生，良好的专业素养不可或缺，但也需要一定的人文素养。在大学生活中，杨逸成脚踏实地地提高自己的人文水平，关注我国非物质文化遗产现状并开展实地调研，加入“生岁行”团队，为我国非物质文化遗产的发展建言献策。其作品《当代社会转型背景下关于手工技艺类非遗实现自我可持续性保护的调查——以佛山剪纸为例》荣获校级一等奖，入选2019年度广东省“攀登计划”项目，同时该作品入选省级大学生“挑战杯”项目。

**2. 念念不忘必有回响**

成为一名全面的医学生一直是杨逸成追求的目标。为提高工作能力，他加入多个组织和社团，曾担任共青团南方医科大学委员会社团办公室主任、学生学习支持中心导师和志愿者等职务；积极参加国家、省、校级组织的活动，以培养自己各方面的能力。在繁忙的医学学习中，杨逸成在保持着优异成绩的同时，在学生工作、科研成果、参与比赛、公益服务等方面均有所收获。

大学是一个寻求全面发展的舞台。杨逸成怀揣着从医的梦想踏进南方医科大学，为了这个梦想选择忙碌充实地度过每一天。这是他在追逐梦想路上的付出，也是为梦想而奋斗的见证。

**人物简介：**

杨逸成，男，中共党员，南方医科大学第一临床医学院临床医学五年制2014级学生。获“2018年广东大学生年度人物”提名奖。

## 黑夜将尽，必见晨光

2012年7月，赵英楠偶然看到了旅游卫视一档《行者》的节目，其中有6期是与无国界医生有关的纪录片。主角之一是一位名叫蒋励的妇产科女医生，她毕业于北京大学医学部，2012年加入了无国界医生组织，2013年4月去了武装冲突频发的阿富汗地区进行医疗援助工作。在那里，孕妇的死亡率甚至要高于被炸弹炸死的死亡率。围墙外头，枪声和爆炸声时时刻刻提醒着生命的威胁；围墙里头，医生们却在竭尽所能提供着生的希望。那时年纪小小的她看得眼泪汪汪，学医的种子也就此在她心中生根发芽。

**1. 求知问学，掌握专业知识**

如愿以偿开始临床医学的学习生涯后，赵英楠越发体会到了医学的魅力。“健康所系，性命相托”，于她而言，这些知识的积累不仅仅是为了应付考试、提高绩点，而是为今后临床实践工作奠定扎实的基础。因此，她严格要求自己，以综测年级排名第一、第二的好成绩连年获得校级一等奖学金和“优秀学生”的称号。2018 年，南方医科大学第五届“素问杯”医学知识竞赛一等奖更是对她专业知识掌握水平的一次肯定。大一结束后，因为一门 79.8 的成绩而与国家奖学金失之交臂的她看着公示名单，除了感叹和羡慕其他同学的优秀，也在心中更加坚定了努力的方向。大二学年的她，在见过凌晨 2 点、3 点、4 点乃至 5 点的月亮后，也终于在国家奖学金公示名单上见到了自己的名字。对大学生而言，英语能力相当重要，因此她在顺利通过大学英语四、六级考试后，更取得了 2018 全国“百万同题英语写作”三等奖、2019 年“百万同题英语写作”活动优秀作品奖等荣誉。医学作为实践性极强的学科，离不开动手操作，因此她在积极参与医院实习见习之外，还不忘积极参与基础实验研究，并于 2019 年获省级大学生创新创业训练计划项目立项，以及“第六届全国大学生基础医学论坛暨实验设计大赛”选拔赛优秀奖、优秀墙报展示奖等成果。勇于砥砺奋斗、自强不息的进取精神让她在攻坚克难中创造业绩、成长成才。

**2. 组织协调，策划学生活动**

学习之外的时间承载了她许多美好的回忆。坚持德智体美劳全面发展的她，在工作方面曾相继担任了教班主任、校艺术团民舞队成员、二临艺术团器乐队副队长、二临公益组织“仁爱援队”队长等职务。作为教班，她积极为同学们服务，认真组织班内活动，配合辅导员及各科老师的工作，获得 2019 学年南方医科大学“优秀学生干部”的称号；作为二临“仁爱援队”队长，她参与组织多项志愿服务活动，勇于承担责任，为组织发展壮大贡献自己的力量，多次获得优秀志愿团队称号；作为二临艺术团器乐队副队长，她在元旦晚会等各大舞台上表演节目，展现当代青年人的蓬勃朝气与精神风采，并获得了第二临床医学院 2018 年元旦晚会节目二等奖等荣誉。

**3. 全面发展，参与各类实践**

课外生活丰富多彩的她从未荒废时光，积极参与艺术类、文化类、科技学术类、社会实践类等各项活动，在亲身参与中受教育、长才干。其中最难忘的要数三件事：一是大一暑假为期半个月的民舞集训，每天在舞房从早练到晚，由专业舞蹈老师从扣动作到排队形一步步指导，最终代表学校参加广东省第五届大学生艺术展演活动并获得了舞蹈甲组类二等奖的好成绩。二是河南商丘支教之旅，尽管只有短短一个月的时间，但她和她所在的支教团队尽力做到让知识和爱心的烛光照亮每一寸渴望的土地，和孩子们度过的欢乐时光以及和团队成员们朝夕相处的革命友谊，更是值得紧握的璀璨年华。2018 年南方医科大学"优秀志愿者"、2017 年南方医科大学"二星志愿者"、2018 年广东省大中专学生志愿者"暑期文化科技卫生'三下乡'先进个人"等称号更是对她坚持奉献的最好回报。三是 2020 年新冠肺炎疫情期间，她的父母作为医护人员签署请战书，投身于抗击疫情的一线。而她也深受父母影响，选择作为社区志愿者贡献自己的力量，152 小时的志愿时则是她胸怀忧国忧民之心、爱国爱民之情，坚持奉献祖国、奉献人民精神的有力证明。

**4. 思想进步，追随党的脚步**

她坚定对马克思主义的信仰、对中国特色社会主义的信念、对中华民族伟大复兴中国梦的信心，立志肩负起民族复兴的时代重任。获得南方医科大学"优秀共青团员"的她于 2017 年 11 月向党组织递交入党申请书，成为班级第一批入党积极分子，并于 2018 年成为预备党员，积极在行动上向党组织靠拢。她参加了 2019 年南方医科大学思想政治教育风采大赛，用视频的形式讲述了南医人的南医梦并荣获二等奖。她关心社会热点话题，坚持爱国、爱党、爱社会主义相统一，参加 2017 年第二届全国大学生预防艾滋病知识竞赛并获得优秀奖，参加第二临床医学院 2017 年禁毒征文比赛获得三等奖等。

**5. 平和乐观，生活充满热情**

她以一颗真挚随和的心与人相处，热心帮助同学，总是设身处地地为他人着想，建立了良好的人际关系。出身普通家庭的她朴素节俭，自觉抵制享乐主义，合理分配使用奖学金。从容、乐观、快乐的生活态度，总是让她和周围的人充满激情和想象力，比如与舍友一起参加"宿舍装饰大赛"并获得一等奖。面对生活中的困难，她总是以乐观的心态和坚强的毅力去克服所有难题，在同学中起到了积极的影响，带给周围同学克服困难的勇气。

《尼采诗选》里曾说："谁终将声震人间，必长久深自缄默；谁终将点燃闪电，必长久如云漂泊。"心中有梦的她坚信，努力拼搏，坚持不懈，终会在黑夜中迎来初生的光芒。

**人物简介：**

赵英楠，女，中共预备党员，南方医科大学第二临床医学院临床医学

2017 级学生。获第十五届“广东省大学生年度人物”入围奖。

## 让青春在志愿服务的主战场发光

“广东，是一个志愿服务氛围浓厚的地方”，谈及回到家乡做志愿的原因时，张海涛说道，“广东的志愿者氛围真的令人感动，学校内的志愿活动总是源源不断，在街道、车站都可以看到醒目的志愿者服务站，还有那群穿着马甲、带着袖标的志愿者们，他们在人群中闪着光。”

**1. 家乡号召，向基层出发**

2017 年 11 月 27 日，全国通辽籍在校大学生兼职乡镇街道团委副书记计划正式启动。在广东上学的张海涛看到家乡发布的公告，第一时间填报材料进行报名。于 2018 年 1 月开始利用寒暑假的时间在通辽市科左中旗保康镇团委兼职副书记；同时，在上课期间进行地校联系，线上开展相关工作。

工作第一天总是印象深刻。“最先看到的是一位年轻妈妈排在售票窗口前，我看她一手抱着孩子，另一只手不断在身上摸索，就赶紧跑上去帮忙，原本以为她会让我帮忙拿一下她的包，谁知道她竟然很放心地把孩子递给了我抱住，那个小家伙还在睡觉，特别可爱。”张海涛回忆：“我帮助她过了安检，找到一个避风的位置坐下，问她怎么那么放心把孩子给我，她说‘很多次都被别人帮助，更何况是你们这群志愿者同志，春节回家已经很幸福啦，路途中遇到你们更是幸运的事，太谢谢你们了’。做志愿者最开心的地方就是那种帮助到别人的喜悦，还有那一份被信任的温暖，希望以后能为更多的人服务。”

张海涛说自己在学校也做团学工作，虽然地方团委与学校团委的工作有很大差异，但宗旨是一样的：团结青年、服务青年。他所在的保康镇的团委工作就是围绕保康镇党委政府的中心工作——“乡村振兴”来展开的，所以团委更多致力于青年扶贫致富、服务留守人员等乡镇建设工作。

在工作期间，他深切体会了基层共青团工作的不易。缺编制、缺经费、缺办公场所、缺工作人员这些问题确实存在，但是共青团改革措施正在逐级贯彻，为基层青年提供保障、完善制度、组织学习培训等，这说明基层团组织在不断夯实。“我在学校的时候也接触过智慧团建，但并不是十分了解。来兼职后，我接到的第一个任务就是关于智慧团建基层团支部的设立，需要给各乡镇、学校以及机关的团委书记打电话进行沟通。因为在完善信息的时候要用到他们的身份证号，好多人起初不太愿意告诉我相关的信息，让我深切感受到基层干部开展工作的不容易。"

**2．再次应召，扶贫初体会**

张海涛在服务的那段时间里，明显感受到了整个单位对于脱贫工作的决心和热情，又暗暗佩服工作者们每天面对不同的人不同的事，还能很好地解决问题和服务百姓。"做基层工作的不能怕矛盾，现在还是大学生，以后走入社会要及时转换角色，适应环境，适应能力和沟通能力是很重要的。这是办公室的前辈告诉我的，我很佩服他们。"

2019 年 7 月 18 日，张海涛再次响应家乡的号召，到通辽市科左中旗宝龙山扶贫办报到服务，成为一名大学生扶贫助理。

他认为，扶贫工作其实和他未来的实习岗位——医学检验工作有共同之处，正如书籍目录一般，好似检验程序一样，井然有序地转动着。医学检验面对的是一个个标本，但是扶贫工作却直面基层群众，入户走访，调查实情，每一个汇总的数据后面都是家庭的辛酸故事和扶贫工作者们的努力，以及对贫困群众的关怀和人情味。他又想到，对医务工作者来说，每一个标本后面都有着患者不为人知的故事，这就是医疗工作中的人文关怀，只有亲身体验才能感悟到在课本中感悟不到的东西。

目前，科左中旗已经退出贫困县行列，他所服务的宝龙山镇扶贫办也获得了自治区"脱贫攻坚扶贫系统先进集体"称号。张海涛一直在感慨农村的问题真不少，而且也不容易解决，党和政府的政策帮扶，让更多人有了机会，重拾生活的信心。

张海涛作为一名医学生，更加关注疾病所导致的贫困。在服务期间，他不断向扶贫干部请教健康扶贫的帮扶政策和情况，并在扶贫宣讲时向村书记、村医询问具体的措施。参保减免、"先诊疗、后付费"、"一站式"结算、家庭医生签约等政策在张海涛的面前展开，让他一次又一次感受到党和国家对脱贫攻坚的坚定决心。

**3．参加"战疫"，防控先上岗**

2020 年新冠疫情防控战打响后，张海涛响应返乡大学生到社区嘎查村报到的号召，主动向村里报到，加入后查巴灯嘎查党支部疫情防控队伍。

在抗击疫情期间，他详细了解上级对防疫工作的要求和对辖区的防控措施，并听从领导安排部署，执行了防控的任务。他和村委会、老党员和

村民一起搭建帐篷、疏通路线、运输物资，同时通过广播网络、电话、发放宣传单、悬挂横幅等方式对村民进行大力宣传，做好卡口排查工作和后勤保障，确保辖区村民的安全。

无情的病毒在蔓延着，爱和希望比病毒传播得更快。由于村民人数多、住房数量多、房屋距离远，他和村委工作人员一起上门统计外省返乡人员，一家一户去敲门、走访。“有时遇见邻家热心的阿姨，给我们口罩，递给我们水果，叮嘱我们也要保护好自己……顿时让我觉得背后有无数人正在用自己的方式对这次疫情防控尽最大的支持。”

他说：“我没有医务工作者与病魔厮杀的精湛医术，也没能助力建设火神山医院，没有警察和解放军战士在一线执勤的坚韧。我只有在面对灾难时用自己所学为国家分忧、共同抗击疫情的满腔热情。南方医的师长奔赴抗疫一线，用自己的行动践行‘博学笃行，尚德济世’的校训，我也想尽自己微薄的力量去共同抗击疫情，所以我义无反顾地加入抗击疫情青年志愿行列，成为无数抗疫志愿者的一员。”

张海涛说，广东是一个能让自己坚定地成为一名志愿者的地方：在广东，他发现志愿服务原来可以成为医患和谐的桥梁，可以点亮大山深处的梦想；在广东，他知道志愿者原来蕴含着巨大的能量，这种能量是为西部奉献的师兄师姐强大的决心和勇气，是书写请战书向组织请战的南医师长们的大爱与毅力，更是钟南山院士奔赴抗疫一线的满腔责任和义无反顾。

作为青年学生，首要任务仍然是勤奋学习，珍惜校园里丰富而宝贵的学习资源，为未来步入社会、走上工作岗位打下坚实的基础。同时，要努力把个人的聪明才智与祖国的需求相结合、把个人的抱负与祖国的腾飞相结合，敢于到基层、老区、脱贫一线、战疫一线去攻坚克难，踊跃奔赴西部、农村，到祖国和人民最需要的地方砥砺磨炼、拼搏奉献。

**人物简介：**

张海涛，内蒙古通辽市人，蒙古族，中共党员，南方医科大学检验与生物技术学院医学检验技术专业 2017 级学生。获第十五届“广东省大学生年度人物”入围奖。

## 坚定爱党爱国信念，坚守抗疫科研一线

作为一名医学生，杨婵在新冠疫情爆发初期放弃一家人团聚的机会，

及时从安徽返校，投身新型冠状病毒科研攻关团队，夜以继日，探索新冠病毒相关研究体系，攻坚克难，用行动彰显当代青年学子的使命与担当。

她是一名医学生。她在2017年7月参加南方医科大学优秀大学生夏令营活动，被评为“优秀营员”。同年9月，以专业第一的总成绩获得药学院推荐，取得研究生推免生资格；同年11月，被南方医科大学录取。该生学术科研能力强，于2019年末获得南方医科大学研究生国际教育专项资助，同期获得来自美国约翰·霍普金斯大学医学院的邀请函，也已取得攻读南方医科大学硕博连读研究生资格。

该生主要研究方向为病毒免疫药理学。2020年1月29日，面对突如其来的疫情，她与家人告别，同时决定推迟出国访学时间，踏上她的科研抗“疫”之路，返回实验室参与“广东省新型冠状病毒肺炎专项”研究，参与开展抗新型冠状病毒候选药物的筛选与机制研究工作，走在“战疫”的科研前线。同前线的医务工作者们不同，她的抗病毒研究工作是在不断失败中总结与成长，时间紧、任务重。在大多数科研院所与机构没有复工的情况下，她夜以继日去摸索和建立实验条件，总结失败经验，曾连续3天在实验室工作超过50个小时，每天“踏着第二天的月光回宿舍，不断突破自己”，与时间赛跑，建立抗新型冠状病毒药物筛选与机制研究体系，并与其他研究人员/机构建立合作关系。“相信自己，付出一定会有回报”，导师的话也在激励着她前进。耐心之树，结黄金之果，通过合作与努力，杨婵在研期间参与研究并撰写SCI论文5篇，其中第一作者参与发表文章2篇，1区1篇（杂志：*Signal Transduction and Targeted Therapy*，投稿中），影响因子13.493；撰写“冠状病毒治疗进展”书稿1篇，已被*Springer Nature*返修。她还参与申请国家自然科学基金1项，中国发明专利4篇。这些成果大部分来自对新型冠状病毒的研究，她将继续投身于这场没有硝烟的“抗疫”战争，争取走在科研一线，也体现了共产党人牢记初心使命、勇于担当作为的本色。

她是一名党务工作者。心有所信，方能行远。她是一名医学生，也有她生活的集体并努力践行自己的爱党爱国理念，在奋发有为中践行初心使命。她曾担任研究生党支部组织委员，服务近100名党员同志，推动学院学生积极参与党团活动、志愿服务，尽力协调党务与自身科研工作，为研究生党支部吸收发展了多名党员。她组织能力卓越，将学生骨干紧密团结在老师身边：曾经组织党团“三下乡”活动，带领党团员体验基层生活，服务群众；曾组织药学院党员与积极分子到药企与红色根据地参观学习，寻找红色印记，提升党团员的思想建设力度，缅怀先烈，学习和弘扬英雄们的精神，也为未来的合作交流奠定基础。她任劳任怨，带领药学院大家庭一起落实好学校的各项工作，多次组织开展微党课、主题教育，虚心求教，甘于奉献，群众基础较好。她是一名平凡的学生干部，也是一名平凡的学生党员。她知行合一，“不断完善自我、超越自我，以更加饱满的工作状态和优异的工作成绩来回报曾经帮助我、支持我的老师同学们”，是她的爱党爱国信念。

她是一名志愿者。在校期间积极参与各种志愿活动，投身于社会实践，包括学术会议、医疗义工、爱心宣讲、支援中小学教育与坚持定期去养老院陪护等。她曾在“第十二届全国抗炎免疫药理学学术交流会”中担任会务组小组长；曾参与组织国家重大专项课题交流会，远赴衡阳进行学术交流；曾获学校“优秀志愿者”称号…… 实践出真知，她珍惜每次志愿服务经历，增强守初心、担使命的思想自觉和行动自觉，收获来自不同领域的洗礼与教育，与为自己的学习生活添彩。

今后，杨婵将拥有更多的身份，她将一如既往地砥砺前行，责任、爱与感恩同在，用创新诠释青春的真谛，在学思践悟中坚定理想信念，在奋发有为中践行初心使命，争取早日成为优秀的科研创新人才，为推动国家由高速增长向高质量发展转变贡献自己更大的力量。

**人物简介：**

杨婵，女，中共党员，药学院2018级药理学硕士研究生。获第十五届“广东省大学生年度人物”入围奖。

## 心有猛虎，细嗅蔷薇

我心有猛虎，细嗅蔷薇。我有一个梦想，梦想能够成为一名让人信赖的医生，梦想能够通过自己的努力拭去别人的伤痛和泪水，梦想能让这个世界改变哪怕只有一点。这个梦想是如此炙热，就像一只躁动的猛虎，常常让我在深夜辗转反侧，激动得难以入眠。为了这个梦想，我愿意让猛虎收起利爪，学会克制，一日一日静静地尽最大的努力学习提高，等待着梦想实现的那一天。我是一名2016级中医学的学生，但故事的最开始要回到2015年的那个夏天……

### 1．一个不怎么热血的开头

高考结束后，我如愿收到了南方医科大学的录取通知书，但却不是中医学而是护理学，我就像是在沙海淘金的人，淘啊淘，淘啊淘，最终淘到的却是美丽的贝壳。我安慰自己，医生和护士都是临床岗位中两个至关重要的职业，虽然没有被中医录取，但是做一名白衣天使也算殊途同归吧。就这样简单压下内心的沮丧和彷徨，我来到了红砖蓝瓦的大学。

江湖上流传着大学四部曲："大一是懒散的名词，大二是茫然的开始，大三是惊醒之后的彷徨，大四是最终的尘埃落定。"令我失望的是，作为一名从高考独木桥爬出来的幸运儿，我还是没能抵挡住懒惰的糖衣炮弹，从作息的改变，到上课的瞌睡，再到毫无压力的嬉笑打闹，我在昏昏沉沉、名为自由的生活状态下，早已把我最初的梦想——从医，忘却得七七八八。我荒废了时间，时间便把我荒废了：当第一门考试那差强人意的成绩出来后，我终于明白，如果继续这样下去，我将永远失去实现梦想的机会。

护理学专业学霸如云，学习上的你追我赶、刀光剑影虽不如高三那般让人胆战心惊，但也足以让我这个学渣望而却步。我向熟悉的师姐询问，得知往年转专业到中医最基本的条件便是绩点专业排名前10%。我内心更是打鼓：我真的能够做到吗？这个学期已经过去二分之一了，我在学业上落后这么多，真的还有机会吗？

然而，每每看到在自习室默默为自己的目标奋斗的人，我内心的羡慕、不甘却又怯懦的心情就像铁索，紧紧地拉拽着我的心脏。曾经听过这样一句话："人这辈子，最可怕的事情不是死亡，而是当死亡来临的时候，你突然发现自己从未用自己想要的方式活过。"我明白到，最可怕的事情不是任何的失败或者丢脸，而是我从未为自己想要的东西做过任何努力。我决定让我这昏昏沉沉的生活回归正轨，重新出发。

### 2．一次结果未卜的征程

我郑重其事地立下了今年要转专业到中医学的目标，并将我的愿望分享给我的朋友们。朋友们听了都表示强烈支持我这个上进的决定，但脸上那哭笑不得的笑容就像是听到只能考二本的学生说要考重本高校。这样的结果确实不能怪我的友人，因为我大一的学习基础确实非常不扎实，说要考进专业前十名并成功转专业犹如痴人说梦，但我明白这一次我是认真的。

如果用一句话来形容我接下来的学习生涯，那么便是"等图书馆开门

—在图书馆—被图书馆赶出来—梦里想着还是图书馆”。为了节约时间，我除了晚上睡觉，其他时间都扎根在图书馆，累了便躺在图书馆的椅子上闭目休息，因为这样还被友人拍了不少“黑照”。学业上的巨大差距让决定奋发图强的我感到格外吃力，时间对每一个人都是公平的，我可以挥霍浪费我的时间，但是这些都是有代价的，而现在正是我要偿还的时候。

有人说，凌晨4点的南医大是最美的，那黑沉沉的湖水点缀着点点暖黄的灯光，微凉的晨风等待着即将升起的朝阳，秀美的桂馨亭在黑暗中暗香浮动。但是我觉得凌晨4点的南医大最美的不是这些悦人耳目的美景，而是当大家都在香甜的梦乡时你点着一盏小台灯在方寸大的光芒里奋笔疾书，是你强忍着睡意坚持完成自己目标时的自豪，是你看到书本从“干干净净”到布满自己思考痕迹的满足。

蒹葭苍苍，白露为霜。所谓伊人，在水一方。溯洄从之，道阻且长。梦想就像是我梦寐的伊人，我欲与她比翼，她却道阻且长。纵不知归处，我也只能风雨兼程，走向远方。

**3. 一次压力倍增的挑战**

当得知我的转专业面试和我的部长竞选竟然是在同一天同一个时间段并且还在相邻教室的时候，我不禁感慨：让暴风雨来得更猛烈些吧！

步入大一下学期的后半段，转专业迎来了关键阶段，转专业的成功与否对我是否能实现成为医生的梦想至关重要。经过差不多一年扎根图书馆的学习，我将自己原本平平无奇的绩点拉至专业第二名，让我获得了转专业的资格，进入了面试阶段。与此同时，我加入的组织——校青年志愿者协会也正处于换届的阶段，我为此也参加了长达一个月的干部培训，只为成功竞选部长一职。然而，墨菲定律告诉我们，当你担心某种情况发生，那它就更有可能发生：我的竞选和我的转专业面试真的撞期了！这意味着我不仅要保持自己现在的学习绩点，准备转专业面试的内容，还要在同一时间跟进组织举办的活动，准备个人部长竞选内容。我感觉自己就像是在跷跷板上踩着独轮单车同时还表演着杂耍，任何一个变动都能让我这个摇摇欲坠的平衡崩塌。因为事情太多，每晚我都难以入眠，担心有什么事情被自己遗忘而造成严重的后果，原本水润的双眸开始有血丝，脸上的青春痘挡也挡不住，精神紧张让我的食欲受到了影响。然而，如果这一切都是我自己的选择，我想要转专业和竞选就必须要面对这样的挑战，纵使压力再大也只能咬紧牙关把它扛过去、闯过去。康德曾经说过，有三样东西有助于缓解生命的辛劳：希望、睡眠和微笑。而在这段日子里，我便是用微笑、希望和合理的作息时间去支撑着我的奋斗和努力。

面试和竞选当天，我郑重地穿着正装、踩着高跟鞋去面对我期待已久的两个挑战或者说机遇。当天面试和竞选的内容我已不太记得，但我永远记得我当时剧烈跳动的心，我知道那是我内心的猛虎。我沉潜的时间已经太久了，现在终于是时候狂奔了。

我相信，但凡不能够打倒我的，最终都会使我更加强大。一分耕耘一分收获，我脚踏实地，不能够说过五关斩六将，但也算经激烈角逐后，如愿以偿地转到了中医学专业，也成功地竞选为部长。我的努力没有白费，每一段经历都有其存在的价值和意义，坎坷也好顺利也好，最重要的是坚持自己内心的信念：相信自己，内心期待什么，就能够做什么。

**4. 新的开始，新的征程**

现在我成了2016级中医学的一名学生，一切又回到了最初的起点。以后的道路，靠自己一步一步去走，不贪图捷径，不迷恋玩乐，不忘初心，风雨兼程。或许未来的日子我将遇到新的挑战，但是这一次难忘的经历永远激励着我，保护着我，我相信自己能够创造更好的成绩，不辜负自己的青春。

每一个不曾起舞的日子，都是对生命的辜负。学医之路，比起繁花似锦的荣誉和赞美，更多的是孤寂和钻研、疲惫和坚持，而在这条道路上阻碍我们的，往往是我们自己内心的不坚定，让我们不足以抵抗各式各样的诱惑。假若选择了从医，便要给自己更加坚定的勇气，让自己敢于在这条注定只能在风雨兼程中起舞的道路上前行，相信自己内心的猛虎能够带领自己。

**人物简介：**

严心怡，女，中医药学院中医学2016级学生，国家奖学金获得者。

## 凿井者，起于三寸之坎，以就万仞之深

**1. 功崇惟志，业广惟勤**

在过去两年的学习生活中，我一直积极主动地学习探索，始终以作为一名新时代大学生所应具备的敢于开拓、勇于创新的精神品质来严格要求自己，在学习、工作、课外科研及学科竞赛活动中都取得了较为优异的

成绩。

人不应该是插在花瓶中被人观赏的静物，而是在草原上随风起舞的韵律。大学之路已然过半，一边连接已知，一边通向未来，我们不该待在原地被动地接受未来，而应该勇敢地拥抱未来。大学是我们学习探索的一个重要舞台，在探索的步伐与开拓的精神相融中，前往下一扇人生之门。虽然处在青黄不接的尴尬年纪，但我相信，只要不断改造过去满身缺点的自我，在缓慢前行中汲取精华、充实自己，这一路将不再坎坷孤独。

大学阶段，“恰同学少年，风华正茂”，有老师指点，有同学切磋，有浩瀚的书籍引路，可以心无旁骛地求知问学。此时不努力，更待何时？因此，我要求自己必须抓住这段大好时光，塑造一个更加优秀的自己，为将来的发展打下坚实的基础。

我认为，学习是大学生在大学期间应该做好的首要工作，尤其是我们工科生，现在学的很多知识都会应用到以后的工作中，所以无论是数学、编程，还是电路设计，我都会十分认真地投入学习，在入学两年来取得了突出的成绩，大一、大二两学年平均 GPA 为 4.17，连续两年位列年级第一，专业主干课程成绩均达 90 或 95 分以上，多项单科成绩为专业第一。此外，我平时注重与老师的沟通与交流，善于提出问题和总结学习经验。除了专业基础课外，对于公选课我也很重视，坚持考勤，认真完成选修作业和考试，多门选修成绩达到 90 分以上，自己也在这些公选课的学习中提高了人文修养和综合素质。

入学以来的两年勤勉，使得我能够把学习这一大学生的基本功打得扎扎实实，并获得 2016 年校级一等奖学金、2017 年南方医科大学倍佳奖学金以及 2017 年国家奖学金。但这样的成绩并未使我满足，展望接下来的学习生活，我依旧充满斗志。

**2. 脚踏实地，兢兢业业**

踏实做人，踏实做事，这是我的高中班主任赠给我的毕业寄语，我一直将这句话作为自己的处事准则，始终秉持“今日事，今日毕”的原则，认真地完成自己在学院团委的干事工作。

在两年的团委工作期间，我积极响应院党委的号召，及时、负责地完成各项任务。曾参与策划和组织“圣诞寄语”“吟诵比赛”等院级活动并在同学中取得了不错的反响。此外，我还主动承担学院微信公众号平台的管理工作并和小组成员获得了学院的嘉奖，连续两年被团委评为良好干事。

所谓"一屋不扫，何以扫天下"，习近平总书记曾经强调过"广大青年要牢记'空谈误国、实干兴邦'，立足本职、埋头苦干，从自身做起，从点滴做起，用勤劳的双手、一流的业绩成就属于自己的人生精彩。要不怕困难、攻坚克难，勇于到条件艰苦的基层、国家建设的一线、项目攻关的前沿，经受锻炼，增长才干。要勇于创业、敢闯敢干，努力在改革开放中闯新路、创新业，不断开辟事业发展新天地"。我想，脚踏实地就应该从身边的每件小事做起，不管是学习还是工作，都要从自身做起，从点滴做起，经受锻炼，学会全面兼顾发展，培养综合素质。今日在院团委的工作经验是一笔无形的财富，也许会在将来我的事业生涯中起到十分重要的作用。

有很多人想着去改造世界，但很少有人能够想到在改变世界之前先改变自己。在工作、学习、生活中我们会遇到很多不顺或者矛盾，面对这些不愉快，就我自己的经历而言，很重要的一点就是要首先审视自己有没有什么做得不恰当的地方，在自我审视的基础上解决问题。曾经有段时间，因为时间分配的不合理，我因在管理平台上要发的几个推送没有及时发出而被组长批评。我没有为自己辩解什么，而是花了一周的时间来调整并适应自己的学习、工作的日常规律，严格执行自己重新制定的时间表，后来再也没有出现过工作延迟的情况，并且保证了自己的学习计划能够按时按量完成。

头上有天，我们要志存高远，有浩然正气；眼中有人，我们要敬畏生命，虚心谦卑；脚下有地，我们要夯实根基，脚踏实地。不论有多么高远的志向，如果不是一步一个脚印，步步脚踏实地，那么就无法到达希望的远方。

**3. 敢于开拓，积极创新**

生活从不眷顾因循守旧、满足现状者，从不等待不思进取、坐享其成者，而是将更多机遇留给善于和勇于创新的人们。青年是社会上最富活力、最具创造性的群体，理应走在创新创造前列。因此，除了对学习和工作的注重，我还积极投入到学科竞赛中，获得了第八届全国大学生数学竞赛一等奖、2017 年全国大学生英语竞赛一等奖，以及 2017 年全国大学生数学建模比赛广东省二等奖。在参加这些比赛的过程中，我对于所学的知识有了更加深入的理解，并且在实践中体会到如何跨学科利用知识，更重要的是，在一些团队竞赛中，锻炼了自己的团队合作能力，与队友们形成了一种"不抛弃、不放弃"的默契。

除此之外，我还积极投入到课外科研当中，成功加入临床医学院陈韬老师的放射组学研究小组，利用自己在课余时间自学掌握的机器学习知识研究胃部肿瘤的预后评价模型，当前正有一篇参与的论文向 SCI 投稿。

所谓“博学之，审问之，慎思之，明辨之，笃行之”。有人说：“圣人是肯做功夫的庸人，庸人是不肯做功夫的圣人。”大学是我们的精力、体力、学习能力都非常旺盛的时期，如果不充分利用这段学习的黄金时光，那么毕业后无论是做研究还是参加工作，我想都会为大学四年的懈怠感到后悔与遗憾。我曾经只用了两个通宵就完成了对深度学习技术从理论到最后使用专业平台编写程序的大部分内容，并且成功用自己搭建的分类器对手写数字集实现了分类。我很难想象若干年后自己是否还能有这般精力与毅力去学习一门相对陌生的学科并应用之，所以我想再次强调大学时期是我们青年人培养自己的综合能力、实践创新能力、广泛吸收各学科知识的黄金时期！

所谓“非学无以广才，非志无以成学”，下得苦功夫，求得真学问。知识是树立核心价值观的重要基础。人生只有一次，应该好好珍惜。为学之要贵在勤奋、贵在钻研、贵在有恒。鲁迅先生说过：“哪里有天才，我是把别人喝咖啡的工夫都用在工作上的！”

对想做、爱做的事要敢试敢为，努力从无到有、从小到大，把自己的设想变作现实。就像 2016 年 4 月 26 日习近平总书记在知识分子、劳动模范、青年代表座谈会上强调的那样：“青年要敢于做先锋，而不做过客、当看客，让创新成为青春远航的动力，让创业成为青春搏击的能量，让青春年华在为国家、为人民的奉献中再焕发出绚丽光彩。”

**4. 不骄不馁，砥砺前行**

昨日的荣誉和成绩，是我继续开拓前行的动力；往昔的问题和不足，将指引着我未来努力的方向。我将以更加严格的标准来要求自己。苟日新，日日新，我将以不断超越自我的昂扬姿态向着更高的层次进发！

**人物简介：**

章鑫森，男，生物医学工程学院本硕连续培养专业 2015 级学生，国家奖学金获得者。

# 相信青春的力量

历经寒窗十余载，曾经少年入杏林。2015 年 6 月 7 日，我步入考场开始我的高考之战。高考的竞争是无比激烈的，在短短的两天里考验的不仅仅是你的知识掌握和储备，还要求你有一颗沉着冷静的强大内心。十余载寒窗苦读沉淀的是你无比珍贵的知识结晶，但是只有一颗强大的内心才能在高考中尽情地调动大脑中的知识。6 月 8 日，当最后一科英语考试的收卷铃声敲响时，我放下手中的笔，起身走出了考场，我的高考结束了。在经历半个月漫长的等待后，高考成绩终于揭晓了。当获知高考成绩时，我感到无比震惊，我有点不相信我会考出 649 分的好成绩，为此我反反复复地查询，在确认高考成绩便是如此之后，顿时一股强烈的喜悦感充斥全身。我感到无比的庆幸，在高考中把握住了命运，超常发挥，考出了全省一千多名的好成绩。但在喜悦之余，我又不得不在大学和专业中做出自己的选择。

18 岁的我，青春年轻，对未来总是有着属于自己的美好憧憬。但在填报志愿时，我还是感到无从下手，不知要如何选择大学和专业。最终，在和家人仔细探讨后，我在众多的专业中选择了临床医学八年制。一方面，周边许多亲戚都是从事医生这一职业，我对医学并不感到害怕与陌生；另一方面，我的父母亲以及爷爷奶奶身上或多或少都带有几种疾病，我希望通过自己的努力能在将来为他们解决疾病的困扰。而选择南方医科大学的原因在于，其前身是第一军医大学，有着浓厚的军队优良作风，而且也是中国最早一批开办临床医学八年制专业的院校。同时，由于八年制培养方案的特殊性，我们需要先进行为期两年的公共基础课的学习，因此我们需要到素有“军中清华”之称的国防科学技术大学学习。哪个男儿不热血，来到军中名校如军校学员一样接受训练学习，也对我产生了极大的吸引力。于是，怀揣着悬壶济世的医学梦和与众不同的从军梦，我踏入了南医的校园，迈入了国防科大的大门，开始了我与众不同的大学生活。

南方医科大学，1951 年办校至今，四迁校址，七易校名，从无到有，从北到南，培育着一代代的南医人。秉承“博学笃行，尚德济世”的校训，先辈培养了一批批优秀的南医人，一代代南医人成才后又不断反哺母校，使得南医不断进步成长。钟世镇院士、姚开泰院士、侯凡凡院士、骆抗先等，这些南医长辈用他们的心血不断浇灌南医新一代成长成才，将一

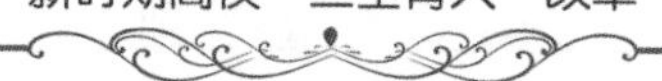

生最美的青春年华和一腔热血都献给了南医。

国防科学技术大学，1953 年办校至今，由陈赓大将任第一任校长，秉承“厚德博学，强军兴国”的校训，致力于培养新一代四有军人，建设一支听党指挥、能打胜仗、作风优良的优秀军队。素有“军中清华”之称的国防科学技术大学，培养出许许多多优秀的将领，为国家和军队建设做出了不可磨灭的贡献。

两所军中名校的联合培养，两所高等学府的思想碰撞，南医将其最优秀的一批学员送至国防科大学习，而这一批青年寄托着南医的厚望，牢系着军队优良传统的根源，必将用自己的青春奋斗书写篇章，无愧于“南医精英，科大骄傲”的称号。

从小时候开始，父母便教导我要热爱党和国家，使得我注重思想的发展和成熟，积极进步，树立正确的人生观和价值观。我热爱我的祖国，政治立场坚定。自入校伊始，便向党组织靠拢，在大一上学期便向党组织递交了入党申请书，在大二下学期被正式确定为入党积极分子。我积极向党组织靠拢，在行动上和思想上都努力向党组织看齐。在就读于国防科学技术大学时，我积极加入了义工组织，这是一个旨在帮助孤残儿童的社团。我们在周末会请假外出到长沙的各个彩虹中心去看望孩子们，陪他们一起玩耍，带着他们到彩虹中心的周围走走看看，呼吸不一样的空气，让他们度过一个愉快的周末。而每次与孩子们的相处，也总是让我感到快乐与满足，因为我给他们带来了一个快乐的周末，他们发自内心地感到欢乐，我也感到无比幸福。在大二下学期，我还积极参加了相关的志愿者学习培训，拿到了由长沙市红十字会志愿服务队颁发的中国红十字会志愿者证，成为一名合格的中国红十字志愿者。

在刚刚进入大学时，由于国防科大的环境不同于地方大学，因此军校的环境和人群对我来说都充满着新奇；但同时军校又存在许多的条条框框，使得我在初进大学时充满了迷茫和烦恼。但是在老师、同学和家人的帮助下，我逐渐适应了军校的环境，并开始爱上了军校看似简单枯燥的生活。我发现无端的烦恼是多余的，不仅浪费时间，还影响心情。在适应环境的过程中，我将时间安排的重心放在了学习上，用书籍和知识来填充自己的大脑，使得自己的思想和见识不断进步成熟。而在这一过程中，科大给了我一个良好的学习环境，使得我能将身心投入到知识的海洋中。渐渐地，我也开始喜欢上国防科大的生活，爱它的青春，爱它的热血，爱它的安静，爱它的单纯，也许这就好比是一段爱情，是不需要别人理解的。慢慢地，我开始形成了自己的时间规划，白天上课时认真听讲，课后及时完成作业，下午来到健身房或操场挥洒汗水，晚上在图书馆里安静地学习，同时尽量不"开夜车"，及时就寝，为次日上课养足精神。就在这样简单单调的日子里，我却感到内心无比的充实。正是源于国防科大的规章制度，我养成了良好的作息时间，相比地方大学八九点起床的同学来说，六点半起床的我有了一个更长的早晨；正是源于平时在健身房锻炼和操场跑步挥洒的汗水，我有了一个健康的体魄。正是源于平时的不断努力与坚持，在大一我便一次性通过了大学英语四级和六级考试，在大二也一次性通过了全国计算机二级考试。在专业成绩排名中，我也总是名列前茅，连续两年被评为"优秀学员"。在大二这一学年中，更是取得了学年专业成绩第一的好成绩。而在今年能成为一名光荣的国家奖学金获得者，我深感荣幸，这是对我过去一年努力的最大肯定。大学生活不仅仅只是学习，在课余时间，我还积极参与社团活动和各项竞赛，不断开阔眼界，充实自己。在周末，若是闲暇无事便会与小伙伴一起请假外出，在火辣的长沙四处逛逛，走过湖南大学、中南大学、湖南师范大学等名校，走过岳麓书院、岳麓山、橘子洲、太平老街等风景名胜，吃过湖南臭豆腐、湖南大香肠、糖油粑粑、小龙虾等著名小吃。在长沙生活了两年，我也渐渐从一个不会吃辣的南方小伙变成了一个爱吃辣、辣不怕的小子。

作为一名有着两年不一样大学生活的老生，我想说，痛出来的鲜美才足够颠倒众生。我们都知道，风雨过后才能见彩虹，但人们总希望最好能直接坐在彩虹里，他人为你布置好绚丽的世界。可惜，别人为你布置的终究是别人的，只有用自己的努力换来的东西才是自己的，我们要相信青春的力量，相信自己的汗水。

努力与坚持不需要等待，青春没有等待，等待的便不是青春。努力与坚持，有些人挂在嘴边，有些人藏在心里，有些人见于行动。不要等自己幡然醒悟，等自己明辨是非，等自己说服自己，因为青春没人在等。一等，雨水将落满单行道，找不到正确的路标；一等，生命将写满错别字，看不见华美的篇章；一等，青春将从你身边划过，得不到蓬勃的朝气。青春中没有等待，趁着自己还年轻，用行动取代等待，不管最后结局如何，没有关系，至少你青春过，努力过，奋斗过，那么你便不会有后悔和遗憾。

回顾这两年走过的大学历程，这一路上离不开老师的谆谆教导，离不开同学的相互激励，离不开父母的默默支持，更离不开母校南医的栽培。两年过去了，我也离开了国防科大。在军校的两年时光纵使有着许多规

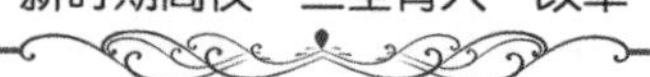

矩，但是我们依旧青春热血。那两年的我们是最骄傲的我们，最浪漫的我们，最热血的我们，而眼前闪烁的光芒是我们最美的青春。相信青春的力量，年轻就要奋斗，想要日后的安宁，就得丢下当前的舒适，用自己的青春去书写美好的未来。当下，纵使你遇到了巨大的困难或挫折，但请你不要灰心气馁，人生的道路还很长，你的青春还有时间去继续，请你记住不要生气要争气；纵使你取得了一定的成绩，但请你不要骄傲，不要沉浸在已有的荣誉之中，而要调整好心态继续前行，请你记住：越幸运越努力。

**人物简介：**

黄智伟，男，第一临床医学院临床医学八年制2015级学生，国家奖学金获得者。

## 幸运只留给有准备的人

**1. 勤于学习，乐于钻研**

徜徉于医学知识的海洋，无疑是快乐的。有时迷惘，如同在茫茫沙漠中失去方向，却挣扎前行寻找出路；有时欢欣，如同在山涧小溪中流连忘返，回眸所见三生爱恋之人。南医大民间传言“生理生化必有一挂，病理病生九死一生”。但在陈乐怡同学的眼里，医学知识正如人体一般，相互联系、环环相扣。

“学而时习之，不亦乐乎。”良好的学习习惯和充足的学习时间对“学霸”的炼成是必不可少的。上课认真听讲、课下及时复习、考前复盘翻转记忆，是陈乐怡学习备考每一门课程的必备流程。上课时不必急于记忆笔记，而是着重把重点知识听懂、把课程内容理顺；下课不仅要结合老师讲课内容进行复习，还要着重对老师没讲到的细节进行复习。考试前半个月甚至一个月，她就会开始复习，结合习题进行难点突破，循环记忆直至考试来临。复习的过程自然是枯燥的，但有时候突然理解一个迷惑已久的知识点而豁然开朗，或是经过仔细推敲发现权威习题上答案有错漏，都是让她非常开心而有成就感的小幸福。

**2. 热心公益，投身实践**

大一刚入学，怀着对实践的热忱，陈乐怡加入了所在学院的社会实践部；而大二成功留部，作为部长助理的她见证了新一届社实成员的成长。

两年来与社会实践的羁绊，让她从一个不善于在群体面前表达自我、异常高冷的女生，变得勇于表达自我观点、爱说爱笑。她和社会实践部一起前往上佳市小学进行"护眼知识"宣讲，第一次为人师表与学生互动；又作为负责人组织了原顺德第一人民医院的寒假跟访医生活动，完整体验了临床医生的一天；紧跟国家发展政策，她拿起问卷走上街头，调研顺德当地民众对分级诊疗制度的想法和建议……在实践中体验生活，在实践中运用本领，在实践中检验真理。实践历程，让她了解了教师这个平凡而不平庸的岗位，让她明确了身为医者对自身的要求和追求，让她走进民生、倾听民意，积极思考国家的改革发展和人民对更高质量医疗水平的需求，也让她收获了一批热爱实践的伙伴以及"先进个人""优秀实践报告"等奖项。

**3. 认真工作，精心创建**

进入大学，离开了高中老师的管制，大家有了自己的生活圈子和表达不同意见的能力，大学的学生工作开展起来也愈加困难。而陈乐怡却选择了专业团支书一职，希望能通过各种方式提高班级凝聚力、增加班级的"家文化感"。2016 年年底，她牵头创建了属于自己专业的微信公众号平台，以其作为班级活动记录、团务工作开展和公示的平台，并接连推出了"生日推送""艺术推荐""科普时间"等栏目。支部委员会一同精心策划了 7 次团建、2 次团日，参与了一次"团旗飘飘"晚会节目表演，把支部活动开展得有声有色有活力。虽然在这个过程中有个别同学不理解，但她还是一直坚持把日常工作做好，用行动换取同学们的信任和配合，积极为专业争取荣誉。功夫不负有心人，支部于 2017 年获得了南方医院"五四红旗"团支部称号，而在 2018 年则获得了南方医科大学"五四红旗"团支部称号。这是对支部两年工作的肯定，也是对她的肯定。她说，这个奖项让自己更有信心为班级同学奉献，以至于未来走上工作岗位为更广大的人民群众贡献力量。

**4. 严于律己，克服迷茫**

尽管在同学眼里陈乐怡是一个非常强大的女生，很多工作都可以自己承担，人生目标也十分明确。但她却很明白现在自己所处的位置，还需要更多的积累和资本，才能走向更加广阔的天地。有一段时间她常感到迷茫，不知道今后自己会成为一个什么样的医生，能不能过上想要的生活。她总说："我不甘愿做一个平凡的人。但想到未来的事情，总是让自己感到痛苦和压力。"但后来她发现只要把精力投入到为了把自己变得更好的这条路上，就会忙碌而充实没有闲暇去思考这个问题。事实证明她是对

的，与其原地空想不如行动起来，往自己的目标去努力，你就会发现梦想的彼岸在眼前愈加清晰。

驾驭命运的舵是奋斗。不抱有一丝幻想，不放弃一点机会，不停止一丝努力。两年前陈乐怡和刚入学的普通大学女生一样，抱着对未来的憧憬踏入了医学圣殿；两年后她成了蝉联两年校级一等奖学金得主，获得全国大学生英语竞赛 C 类二等奖、校级“优秀团干”等诸多殊荣，参加了一项大学生创新创业项目和一项攀登计划，今年秋季光荣地成为了一名预备党员。也许她是女生眼里的“幸运儿”，男生口中的“大佬”，但她一直相信，幸运只留给有准备的人。也许有时候，自己的欲望很多，却达不到，她一定会这样说：要懂得放弃无关紧要的利益，也要懂得对自己狠一点。对她而言，只有充分准备但又做到轻装上阵去迎接挑战，才能精准命中，拿下自己想要的东西，从而在广袤的中华大地上寻觅自己的人生价值，在无限的机遇挑战中放飞梦想。

**人物简介：**

陈乐怡，女、中共预备党员，第一临床医学院口腔医学专业 2016 级学生，国家奖学金获得者。

## 从心而行　不负韶华

我是来自第一临床医学院临床医学专业的陈泳彤。很惊喜，很意外，很荣幸获得了上一年度的国家奖学金，我觉得应该把这项殊荣归功于党和国家对学生的激励，学校和老师对学生的栽培和辛勤教导，同学舍友之间的互帮互助，家人的无私支持。曾有人说：“人生旅途中，获奖只是一种助推器，它绝不是你最根本的动力器。”我非常赞同这个观点，在我的家庭教育氛围中，激励我继续学习和进步的不是物质上的奖励，而是潜意识中真心希望能学有所得，而不是荒废青春。物质是可变的、多样化的、不确定的，人的欲望是无限的、膨胀的，如果一个人只为了外部的物质利益而奔波劳碌，岂不是失去了回归本真、倾听内心淡泊宁静的美好？

对于我来说，学习最大的驱动力是兴趣。记得我小时候一边做作业一边忍不住看电视的时候，妈妈并没有严厉责怪，反而给了我两种选择：想学的时候就学，不想学的时候就别学，然后就同意我看完电视再写作业。

之后，出于对妈妈给予我自由度的感激和弥补我荒废在娱乐上的时间，我会加倍认真地投入到学习中，不再三心二意。家人对我的学业不会管得很严，有时只是善意地提醒，大部分时间由我自己安排，但会关注我每一次考试的成绩，这在给予我足够多的空间的同时又在无形中鞭策着我不断努力。我很佩服我妈妈，我不知道她是怎么潜移默化地培养起我对学习的兴趣，但她让我懂得了学习首先要有兴趣，自觉学习的学习效果远远比被动学习大得多，因为有兴趣，所以投入，因为投入，所以或多或少会有自己的收获和领悟。至于我选择了医学这个自己感兴趣的专业，大概归因于家人当医生从小耳濡目染对我的影响。虽然他们会抱怨当医生很累、很辛苦，但我还是想要在这个神秘的、充满可能性和挑战性的领域中一探究竟。除了兴趣之外，另一个关键因素是自律：知道自己在什么时候应该做什么事，要有目的性。当我们有目的性地落实好学习上、生活中的点点滴滴，时间就会被充分利用，每一件小事都有累积效应且叠加在时间的维度上，勾勒出人生成长的轨迹。当然，我自认不是一个十分自律的人，我做不到像以前高中那样每天早上6点钟起床早读背书，学习的时候也会偶尔看手机，甚至在学习之余也会去看综艺和电视剧。经过自我反思，娱乐消遣的前提就是要保证在课堂上理解、消化大部分的知识以及课后及时完成练习，这样才是有实际意义的劳逸结合。当然，我在大学的学习生活中也会遇到一些困难，从高中转变到大学的学习模式，自学是对我的一个挑战，要习惯自己静下心来学习，自己查资料，自己找答案；生活中要习惯独立，很多事情要学会自己去思考和解决，但仍然要记得家永远是最坚强的后盾。学习上，首先，我个人比较注重理解而不是死记硬背，尤其医学是一门人文实践学科，仅靠静态的、空洞的理论知识是无法在动态的、各异的活人身上寻根究底治疗疾病的。郭沫若曾说："读活书，活读书，读书活。"能把知识透彻理解并灵活运用到实际中甚至有所发明创新，这不正是现今科技的发展日新月异的重要因素吗？其次，保持一贯的虚心向学的态度，上课的时候认真听老师讲解，既是对老师的尊重，也是一次次极其珍贵的从每一位博学儒雅的教授身上学习的机会。曾有一位老师在课堂结束时留下一句让我印象深刻的话："我所展示在你们面前的，不过是一个生动的我罢了。"

瞿秋白曾说："只有实际生活中可以学习，只有实际生活能教训人，只有实际生活能产生社会思想。"社会实践是大学生走向社会、了解社会、服务社会的重要途径，对促进大学生全面成长成才发挥了至关重要的作

用。课余生活方面：我在大一时参加过社联人力资源部（原财务部）的干事工作，学习财务预算表的规划，审核各大社团活动的经费报销，锻炼了自己团队协作和人际沟通能力；在彼岸英语俱乐部，我结识了不少有趣的热爱英语的朋友；大二寒暑假分别申请去顺德第一人民医院神经外科、南方医院感染科和消化科见习，提早接触医疗环境，以现任岗位上孜孜不倦的医生们为榜样，在实践中培养自己的医学人文关怀素养；参加红色遗迹走访活动，分别参观了广东革命历史博物馆和农讲所，以革命先烈的不朽精神激励自己自强不息、奋发图强……至于生活调节方面，烦躁、压力大的时候我会去跑步或打电话给家人倾诉。我很感恩在生活方面家人无条件满足我、支持我、鼓励我，让我能无所顾虑地做自己喜欢的事情。

这就是我，没有什么很突出的成就，只是一步一个脚印，做好应该做的本分。我知道自己还有需要努力去填补的空缺，时间还在继续，生活还在进行。

**人物简介：**

陈泳彤，女，第一临床医学院临床医学专业2016级学生，国家奖学金获得者。

## 但行好事，莫问前程

光阴似箭，白驹过隙，一眨眼已迈入大学生活的第三年。回想过去的两年，我无数次对未来产生过彷徨，但每次从彷徨中走出，我都会更加坚定自己的信念。

当初报考医学专业，我的内心是经历过一番挣扎的。填志愿时，我的父亲对我说，医生培养周期长，选择读医就意味着在你初出茅庐时你的大部分同学已功成名就了，你能耐得住那份寂寞吗？我的一位八年制学长亦告诫我，读医难，难在你不能满足于考90分，有10分的知识你不懂，但恰恰这10分的知识就有可能丢了很多人命，难在责任重大。的确，选择成为一名医生，意味着你要花费更长的时间成才，意味着你肩上负担着无数生命、无数家庭的希望。但我坚信，把一个人从鬼门关上拉回来，这种成就感是别的职业无法比拟的。于是，怀揣着对医学的热爱，我最终报考了临床医学这门专业。

学医对比其他许多专业有一个好处：它不需要你脑子特别灵光，只要你肯花功夫便能学好。我觉得我能学好那么多门课程，秘诀只在于四个字——天道酬勤。其实我也不算特别勤奋，亦会有懈怠的时候，但每次懈怠完我都会跟自己说，好了，该去图书馆看看书了，不然功课落下了，你拿什么去救治病人呢？我想，这份责任的负担感以及对生命科学的热爱，正是支撑起我自律的源泉吧。

在本科这两年半里，我曾无数次感到迷茫——在图书馆看书一遍又一遍依然不能好好记住，我怀疑过自己的能力；在实验课上失手将神经、血管弄断，我感觉到自己的“外科梦”离自己的距离像是远了一步。但每一次从迷茫中走出，我都会获得更大的力量。记不住便再看多几遍，手不够灵巧便多加练习，慢慢地，我发现我学到的各科知识在我的脑子里发生化学反应，变得融会贯通了，手也愈发灵巧。千里之行，始于足下。如今的我每每想到很遥远的未来，心里仍然会有种莫名的恐惧：担心自己不能成为一位医术精湛的医生、一位不能体恤病人痛苦的医生。但每当陷入恐惧的时候我都会安慰自己：走好现在的每一步，那么以后碰到的困难终会有办法解决。

在大二暑假，我有机会在南方医院感染内科张小勇教授的指导下进入实验室学习，这是我第一次接触科研。我曾守着老鼠一个晚上，但得出来的结果与预期相反。在实验里，我渐渐明白了一个道理，“付出便会有收获”在科研领域是不成立的。科研就像是朝黑暗中放了一枪，能击中猎物还是放了空枪都是未知的，我们做的很多东西结果出来往往与预期会有差异，这让我痛苦过。但渐渐地，我开始感受到科研的纯粹——一种探索未知的喜悦与兴奋，我也更能理解卡尔·萨根的那句“每个人在他们幼年的时候都是科学家”。

最近和好朋友聊天时谈到“纯粹”这个话题，他说他们学院有个拿到国家奖学金的学霸对于数学有着纯粹的热爱并且全身心投入数学的学习和研究中，如果他能有那种纯粹，他会过得挺开心的吧。随着我们慢慢进入社会，我们会不自觉地被名和利困扰，但少一份功利、多一份“但行好事，莫问前程”的纯粹，或许我们会过得更开心吧。

**人物简介：**

陈振邦，男，第一临床医学院临床医学专业2016级学生，国家奖学金获得者。

# 医路漫漫，始于足下

生活总是青睐有准备者，而机会总是垂青有计划者。炎热的8月悄然离去，我踏上了列车，前往大学报到，开始了我的医学生涯。

**1. 初探**

和录取通知书一并寄到家里的还有学校布置的作业，要求学生在“德、智、体、美”四个方面进行选题。由于对医学、法律和伦理方面比较感兴趣，我决定以“智”为自己的主题，探讨安乐死这个话题。这是我第一次独自学会如何搜集、整理资料，如何进行网络上的文献搜索、前往图书馆查阅相应文献、咨询相关领域人士等，种种经历标志着我在学术道路上迈出了不成熟的第一步。其间印象最深的莫过于和组员进行讨论交流。在一次资料归纳总结后，大家准备决定下一步的总体方向以及每个人的具体分工。因为好的开始是成功的一半，所以在决定最终的方向上大家显得格外谨慎小心，选题既不能太过于宽泛，又不能过于狭隘。夜已深，长时间盯着电脑屏幕的眼睛也开始模糊起来，但是讨论小组群的活动丝毫没有减弱的迹象。虽然隔着电脑屏幕，但我能感受到每个人都在竭尽全力、绞尽脑汁。大家的观点不断碰撞、融合，每次讨论都让人耳目一新，之前搜集整理资料的困惑与疑虑都烟消云散了。或许这就是学术与团队协作的魅力吧。

在反反复复查阅资料、交流想法、实践调查中，最后展示成果的日子即将来临。等到真正站到了讲台上时，我没有一丝的紧张，有的只是想与众人分享我和我的组员们准备一个月以来的成果的冲动与兴奋。最终的第一名也是对我和组员们辛勤劳动的肯定。

**2. 深入**

由于专业培养的需要，我需要到国防科技大学进行为期两年的联合培养。军校，给人的感觉多是严肃而乏味的。这里有严格的作息制度，有规范的作风养成，有严明的组织纪律。本以为我会对这一切感到不适应，但是一段时间之后我发现自己挺享受这种不用考虑别的事情、只用一心扑在学习上的生活。军校的严明与科学上的严谨不谋而合。

“对自己的数据负责”，教员如是说。短短的八个字，却有很重的分量。记得一次做化学的定量分析实验，无论我怎么做，数据与最终结果总是对不上，不是准确度较低就是精密度较差。看着其他同学陆续完成实验离开，我越来越着急。但是忙中易出错，越忙越乱，实验离成功越发的"遥遥无期"了。时间不知不觉到了凌晨，但是手中的实验结果仍然不符合要求，我盯着滴定管与锥形瓶不知所措。"搞科学研究可不容易呢"，教员见状，安慰并鼓励我，提示我再回想一些操作中的小细节，该注意的点都要注意到了没有。我再一次改进了操作，降低了滴定速度，最后实验终于成功了。科研确实是一件不容易的事情，非严谨认真乃至坚忍无以达。看着这些身着军装的教员们，我不仅从他们身上感受到了军人独特的魅力，更体会到身为一名学者的严谨。

虽说现在我还没有学习过任何医学知识，只是学习一些大学通识课，但我已经逐渐感受到科学的魅力与科研者的不易。医学也是科学，其中也有共同之处。医路漫漫，吾将以谦卑与认真之心，上下而求索。

**人物简介：**

梁胜鹏，男，第一临床医学院临床医学八年制专业2017级学生，国家奖学金获得者。

## 宁静致远，厚积薄发

诸葛亮在《诫子书》中提道："夫君子之行，静以修身，俭以养德，非淡泊无以明志，非宁静无以致远。夫学须静也，才须学也，非学无以广才，非志无以成学。淫慢则不能励精，险躁则不能治性。年与时驰，意与日去，遂成枯落，多不接世，悲守穷庐，将复何及！"

淡泊明志，宁静致远，是我一直都坚持的原则。刚进入大学学习时，假期里的懒散还没有从我身上褪去，进入新环境的激动、喜悦和好奇，使我在学习上非常浮躁，总是不能专心致志地看完一页书。当我逐渐适应大学的生活后，我的心境也平和下来，就如《诫子书》所言，学习必须静心专一，不能放纵懒散、急躁冒险。尤其是那些枯燥的医学专业书，如果没有静下心来看，是很难理解和掌握其中的知识的。所以，在学习中排除一切杂念是很重要的，没有全心全意投入是不会取得成功的。

除了拥有良好的心态，制定合理可行的计划也是必不可少的。在每

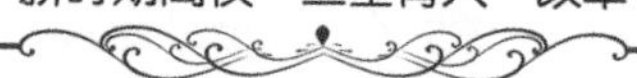

一个学期开始之前，我都会给自己确定一个大体的目标，比如这个学期的绩点要保持在多少，这个学期我要参加一些什么类型的志愿活动，等等。而在具体的执行过程中，我给自己制定一些每日计划，比如今天要复习哪门课、要完成哪些工作等。虽然我不能保证每一次的计划都被严格执行，但是心里有计划时，做事就能井井有条，既不会遗忘重要的事，也不会浪费时间在无意义的事上。同时，当长期坚持这一习惯后，它就会内化成自己的一种品质，你会发现自己慢慢成了一个严谨、有条理的人。

“你必须足够努力，才能看起来毫不费力。”努力的重要性是不言而喻的，我不是天才，要想取得好成绩就必须付出努力。大学不是高中，没有老师在后面追着你学习，全靠个人自觉。我不能像科比一样反问“你知道洛杉矶每天早上4点钟是什么样子吗”，但是我看见过清晨6点的阳光洒满得月桥，以及踩着图书馆闭馆音乐匆匆离开的同学。人们努力总是为了追求一定的回报，我很庆幸天道酬勤在我身上是个真理而不是谬误，即便我的回报和投入不成正比，我也还是会一直努力下去。时间那么宝贵，如果最好的年纪都不努力，那要等到什么时候呢?

大学生活丰富多彩的一个原因就在于有各种各样的社团活动。大一的时候我有幸加入了学校的红十字会，成了培训部的一名干事。在这里，我学会了如何给伤员包扎止血，如何实施心肺复苏术，还考取了急救证。在获得知识的同时我也参与组织了红十字会的一系列活动，如无偿献血、篮球赛救治受伤运动员等，在这些活动中逐渐培养了自己的责任心和魄力，提升了人际交往的能力。

好的身体是革命的本钱，在努力学习的同时，我也不忘记锻炼身体。当我在学习中感到疲惫时，我会走出自习教室或图书馆，来到操场，慢跑几圈。运动过程中分泌的多巴胺真的是解除劳累和困倦的最佳处方，每次运动完后，我都会觉得异常愉悦，更有充沛的精力投入到学习中。久而久之，我也练就了一副健康的体魄，形成了良性循环。

不积跬步，无以至千里；不积小流，无以成江海。成功的关键在于一点一滴的坚持，无论是良好的心态、周密的计划、不懈的努力，还是多彩的活动、适当的锻炼，如果我是个三天打鱼两天晒网的人，这一切所起的作用将会是零。靡不有初，鲜克有终。开始一件事是很容易的，可贵的在于坚持到底。我始终相信，只有坚持到最后的人才能尝到最甜的果实。

我才刚刚度过了大学生涯的第一年，只是掀开了大学生活的一页篇章，在未来的四年里，我会坚持奋斗，不骄不躁，宁静致远，以饱满的热情迎接未知的旅途。大学是人生中一个重要的台阶，只有在大学里踏踏实实地学习，培养好自己的能力，塑造好自己的品质，最终才能厚积薄发。

**人物简介：**

毛琳霜，女，第一临床医学院临床医学五年制专业2017级学生，国家奖学金获得者。

## 越努力越幸运

著名国学大师王国维先生曾在名作《人间词话》中说，人生的三个境界是："昨夜西风凋碧树，独上高楼，望尽天涯路"，此第一境也；"衣带渐宽终不悔，为伊消得人憔悴"，此第二境也；"众里寻他千百度，蓦然回首，那人却在灯火阑珊处"，此第三境也。

我是南方医科大学第一临床医学院临床医学八年制的张艳培，现在已经是一名大三的学生了。我的经历告诉我，在追逐优秀的道路上，从没有捷径，只有经历了彷徨、醒悟、不断努力之后，你才能突破自己，达到更高的境界。

**1. 独上高楼，望尽天涯路**

上高中的时候，父母和老师都跟我们说，只要熬过了高中，到了大学你就轻松了。怀揣着这样的想法，我走进了大学校园，可是现实很快给了我当头一棒。我发现大学并没有那么轻松，我选的专业和我现在学的课程似乎也不怎么匹配，当时的我总是认为学所谓的高数、C++、线性代数等课程对医学生来说，简直是无用的。我花这些时间去学这些科目，简直是在浪费时间、浪费生命，可是我又不得不学，当时的我内心十分的惆怅，十分的困扰，这就是我梦寐以求的大学生活吗？这就是我当时一心向往的临床医学专业吗？多少个傍晚，我独自在操场跑步，在反思自己的选择，也在思考自己的未来。夕阳的余晖洒在我的脸上，是冰凉的。后来，我和爸爸妈妈、辅导员、学长学姐倾诉我的困惑，他们给了我很多新思路和建议，我终于意识到，大学之大，在于博取知

识，扩大自我极限，在茫茫的天地间寻找到自己的一方天地，找到那个小我，唯此才不负此生。

**2．衣带渐宽终不悔**

在找到自己的人生定位之后，我坚定了要努力学习的决心，不能辜负曾经对未来充满期待的自己。即使是大学，学习仍然是第一要务。无论是学习哪一门学科，努力始终是最重要的路径，书山学海，没有捷径可言。放弃了周末睡懒觉的机会，拒绝了逛街看电影的邀请，遏制了追剧玩游戏的欲望，我选择把这些时间用在学习上。还记得参加美国大学生数模竞赛的时候，连续几天熬夜，最后的那个晚上是我人生中第一个通宵。即便累得快不行了，依然咬牙坚持着，我一直记得，通宵后的那个清晨，日光很暖，花儿很美。这两年无疑是比高中还要累的，但是我反而觉得更加充实，一分耕耘，一分收获，未来在我的脚下。

**3．那人却在灯火阑珊处**

在不懈的努力下，两学年以来我的绩点均为本专业第一名。在此基础上，我还不断参加学科竞赛活动，在省级物理竞赛、英语写作竞赛中都取得了二等奖的成绩，在国家级的大学生数学建模比赛中获得国家一等奖，在国际级的美国大学生数模比赛中取得一等奖，获得了“南方医科大学优秀学生”“国防科技大学院优秀学生”称号。此外，我还积极参加社团活动，加入校级的英语话剧社，还在英语话剧社年度大戏中饰演了重要角色。不知不觉中，我从默默无闻的小女生变成同学们心目中的学霸。回首这两年所取得的成绩，和我不断的努力是密不可分的。

没有比脚更长的路，没有比人更高的山。回到原点，重新出发，越努力越幸运！

**人物简介：**

张艳培，女，第一临床医学院临床医学八年制专业2016级学生，国家奖学金获得者。

## 满怀好奇，探究科学

科学的奥秘需要不断地去探索，因为热爱，所以去不断深入，发现新的世界。

张小利是一个普普通通的女孩，心中有着小小的梦想。她勤奋又要强，大一至大二上学期成绩均为全专业第一名。只因她想吃透书本内容，做到活学活用，不仅仅是记住书本上的内容，更是要求自己把知识更好地应用到临床中，为此她不敢懈怠。她是一个热爱钻研的人，在加入课题小组后积极投身于肺部疾病的研究中，一直在思考如何运用更好的药物和更先进的仪器治疗疾病，延长患者寿命。为了更好地进行学术研究，她还利用课余时间学习 SPSS 软件和统计学。她还是一个懂得感恩、自强不息的人，为了减轻家里的经济负担，她坚持勤工俭学，周末做兼职、做家教，甚至用自己打工赚的钱贴补家用。

她从小在山里长大，现在有机会来到山的另一边，因为经历过，所以明白这种快乐来之不易。她常利用寒暑假在家乡免费给孩子们教学，只为带更多的孩子离开落后的山村，去看看山的另一边是什么样子，帮助他们实现梦想。大一大二时她每月定期去关爱残障人士，陪伴他们度过了一个又一个温暖的日子。

大一入学后，她向本校老师的研究团队投了简历，优异的成绩帮助她顺利进入团队。由于还只是一名本科一年级的学生，接触到的专业知识十分有限，刚开始她感到很吃力，但是出于对知识的渴望，她提前自学了许多大二的基础课程以及文献检索。凭借着自己的努力以及团队里的师兄师姐和老师的帮助，她以第一作者的身份发表了 2 篇社论，针对慢性阻塞性肺疾病的急性发作以及非小细胞肺癌发表自己的看法，并在期刊 *OPR Science* 和 *Journal of Hematology and Clinical Research* 分别发表社论 1 篇。随着对疾病的深入了解，她开始挑选自己感兴趣的疾病撰写综述，并提出自己的观点。非小细胞肺癌的研究成果发表于中文核心期刊《肿瘤》，文章名为《基于 LUX – Lung 试验的阿法替尼在晚期非小细胞肺癌临床应用的研究进展》。出于对科学研究兴趣的逐渐加深，她开始学习 meta 分析的写作，运用大数据分析对非小细胞肺癌进行更深入的研究，在期刊 *OncoTargets and Therapy*（影响因子：2.612 分）发表学术论文 1 篇，以第一作者在期刊 *Drug Design, Development and Therapy*（影响因子：2.822 分）发表学术论文 1 篇。她充分利用寒暑假时间与 2013 级的师兄师姐合作，以第三作者在期刊 *Cancer Management and Research*（影响因子：3.851）发表学术论文。她利用大半个学期的时间学习了罗弗斯特治疗哮喘—慢阻肺综合征的机理，并在期刊 *Drug Design, Development and Therapy* 发表学术论文 1 篇。

科学是深奥且广袤的，她希望通过积极投身于科学研究，用自己微薄的力量减轻患者的病痛，让自己将来成为一名好医生。学习是永无止境的，科学研究亦是如此，目前她已申请到了2项广东省课题：2018年的省级大创项目和2019年的大学生攀登计划项目。

在加入课题组的第二天，她就开始阅读大量文献，总结文章框架，认真梳理并分析自己应该从哪些方面入手，渐渐地掌握了写作技巧。每年寒暑假对她来说，就是让自己静下心来做研究的最佳时刻。她只在春节停工一天，其余时间每天都能保证3个多小时用来阅读文献，2个小时用来进行总结，4个小时用来辅导家乡小孩学习。虽然忙碌，但很充实。大二上学期曾有段时间她感到迷茫，不知该如何规划好每天的时间，于是她找了一份每天下午5点至9点的家教兼职。有压力的同时也会带来巨大的动力。在这种高压模式下，她学会了如何高效率地去学习，懂得了该如何去珍惜时间。

大学5年如白驹过隙，她希望自己今后能考入协和医学院继续深造，并憧憬将来能够进入哈佛医学院进修。同时也更加希望自己在大学飞逝的几年里能不负光阴，涉猎多种疾病，找到自己最感兴趣的方向深入研究，不断充实自己，为医疗卫生事业贡献出自己的一份力量。

**人物简介：**

张小利，女，第二临床医学院临床医学专业2016级学生，国家奖学金、国家励志奖学金获得者。

# 后　　记

《新时期高校“三全育人”改革——南方医科大学的实践探索》一书经过多方努力，终于结集成书。本书的编写，得到了各相关单位、辅导员老师们的大力支持。借此机会，向关心和帮助我们的各界人士表示衷心的感谢！

本书共三章，着重以实践案例的形式集体讨论了书院制教育模式探索、“三全育人”改革的学院实践、“筑梦引航”工程三大模块内容，既有理论探讨，又有案例分析，全方位地展示了学校育人改革的成效。书中所有涉及师生的事迹材料形成时间均以获奖者申报奖项的时间为准。由于编者水平有限，“三全育人”改革正处于“现在进行时”，书中难免存在不周之处，恳请读者批评指正，以便日后得以充实完善。